「ハラスメント」が会社を潰す。

チームクレア 著

労働トラブル相談士が提唱する
『ハラスメント・リテラシー』で
最大のレバレッジ

財界研究所

TEAM CHREA
チームクレア

「ハラスメント」が会社を潰す。

チームクレア 著

はじめに

『ハラスメントが会社を潰す。令和はそんな時代です。』

読者の皆さんも、ハラスメントのニュースを見聞きした事がこれまでに多々あると思います。

「〇〇（飲食店チェーン）の店長がパワハラを原因に店舗で自殺」
「□□（地方有力不動産会社）での社内イジメで社員が自殺」
「△△（大手製薬メーカー）でパワハラによる精神疾患で自殺」
「◇◇（大手不動産会社）が就活生にセクハラで逮捕」
「●●（大手家電メーカー）社長の恫喝パワハラ音声が流出」などなど…

ここでは伏字とさせて頂いていますが、実際のニュースでは会社名やブランド名がしっかりと報道されます。むしろ、強調されると言ってもいいかもしれません。

それは何故か。その方がニュースバリューが高いからです。視聴者、ユーザーの多くの耳目を集めやすい。私たちは、「CMで有名なあの会社」や「いつも利用しているあのチェーン」の会社名やブランド名の名前を、無意識に捉えやすくなっています。

会社側としては、通常それは広告効果であり、売り上げにつながっているものですが、ひとたびハラスメント報道として流れた場合には、その効果が逆回転をして、会社に大きな減収、損失をもたらします。実際、ハラスメントの報道の影響から、売り上げ減となったというケースも枚挙にいとまがありません。

しかし、影響が一時的な売り上げの減収で収まれば、まだ良いほうかもしれません。最も大きな影響は、**「ブランドの毀損」**です。

皆さんもご存知の通り、ブランドというものは一朝一夕で確立できるものではありません。長大な時間をかけて、研究や拡販のコストを注ぎ込み、膨大な実績を重ねていくことで、ようやく広く大衆に認知されて、ブランドとしての地位を得られます。誰にでも、どこの会社にでもできる芸当ではありません。

「ブランド」は、「信用」と言い換えることもできます。世間からの信用の獲得に成功した。それが、皆さんもよく見聞きをしているブランドです。

さて、このブランドがハラスメントトラブルと大変に相性が悪い。

ハラスメントトラブルが起こると、世間のユーザーはそれまでブランドに対して抱いていた信用を**「裏切られた気持ち」**になります。特に、犯罪性の高いハラスメントトラブル、及び被害者の生命・身体に関わるハラスメントトラブルは、一発でブランドの信用を吹き飛ばします。

読者の皆さんも、「自分が売り上げに貢献していたあの有名企業が、社員を激しいパワハラで追い込み、結果精神疾患の後に自殺」と聞いたら、いやーな気持ちになりませんか？「せっかく応援してたのに」「これまで払ってきた料金の裏で、人が死んでいたなんて」と感じるのが、自然な消費者心理です。

「ブランド」は、決して確固たるものではありません。とてもフワフワとした消費者のファン心理や、なんとなく耳に残っているなどの、比較的壊れやすいものです。

次のたった二つの条件、

●消費者とブランド間の信用が毀損した

●代替品がある

これだけで、ブランドの価値は大幅に減少してしまいます。

ブランドの支持には層があります。

選挙に例えてみましょう。有権者は①「特定政党の強固な支持層」②「特定政党の緩やかな支持層」③「浮動票層」に分類できます。①の強固な支持層は、支持政党に何があっても動きませんが、②緩やかな支持層は、支持政党に何か大きなトラブルがあった場合には、投票行動を変える可能性があります。③の浮動票層は、ちょっとしたトラブルでも投票先として選ばないなど、世の中の雰囲気で投票先を変えてしまいます。つまり、政党の立場から見てみれば、トラブルがあった際には②と③は当てにならない有権者層となります。ただ、①だけで選挙に勝てるかといえば、多くの場合、それは不可能です。やはり、なるべく多くの②と③の有権者を取り込まなければ、選挙に勝つことはできません。

ブランドも同様です。①の強固な支持層は、「デザインが好き」「他で食べられない味」「他の商品との互換性に優れている」などの理由から、自分に直接関わらないトラブルでは動き難いでしょう。しかし、①だけを相手にして、商売を続けることはできない。或いは一部のビジネスモデルではそういったことも可能かもしれませんが、事業拡大を見込むことは難しいでしょうし、持続可能性についてもリスクが大きいと思います。やはり、ビジネスにおいては②と③のライト層の取り込みが必要です。

そして、この②と③のライト層消費者の最も嫌うことが、ハラスメントトラブルなのです。

ライト層消費者は、自分たちが想像できる、または自分たちにも起こり得る生々しいトラブルに敏感です。

「自分がセクハラにあったら」
「長時間の残業を強いられたら」
「家族がパワハラで自殺してしまったら」

など、被害者を自分および周辺の人物に置き換えて想像した途端に、そのマイナスイメージは会社のブランド価値を超えてしまいます。**ブランド＝信用**の敗北です。

こうなると、簡単にブランド価値は取り戻せない。改めて信用を獲得するには、ブランドを築き上げたまでと同じという程では無いかもしれませんが、やはり長大な時間とコストがかかることは想像に難くありません。

それがたった一人の消費者に起こるのではなく、日本全国で何百万人、場合によっては千万人単位で同時に起こるのです。たったひとつ、たった一人の社員が起こしたハラスメントトラブルのために。

大企業であれば、金融機関などの利害関係者なども多く、ハラスメントトラブルを起こしても一時的な売り上げ減少などで凌げることが多いでしょう（そうは言っても、尋常ではない損失ですが）。

しかし中小企業などの場合は、ハラスメントトラブルが話題になったことで会社が傾く、場合によっては会社が潰れるということも、現実に無い話ではありません。

「顧客との取引が無くなる」→「売り上げのほとんどを占める看板商品のブランド毀損」→「資金繰りの悪化」→「倒産」。

このコロコロと坂を転がり落ちる感じを想像できる中小企業の社長さんは、少なくないのではないでしょうか。

従業員たった一人のハラスメントトラブルが、このような事態を招くことは、他人事ではない現実のリスクなのです。

また、個人の視点からも少し触れてみましょう。

もしかすると、この本の読者であるあなた自身が明日当事者となるかもしれない。それくらい身近なのが、ハラスメントトラブルなのです。

ちょっとした接触。ちょっとした発言。ちょっとした行為。自分では軽微だと思っていたことが、実はハラスメントでした、となることは少なくありません。

そして、その結果どうなるか。**役職降格**、**配置換え**、**減給**、**解雇**。場合によっては、**報道**、**逮捕**。近所では後ろ指を指され、引っ越しを余儀なくされたり、家族関係を悪くすることもあります。加害者として、被害者の自殺を招いたとしたら、**ネットで特定されて曝される**、等のことまで考えておかなければならないでしょう。影響は決して小さくありません。

会社であっても個人であっても、ハラスメントトラブルに巻き込まれることで**「詰む」**ということが現実に起こり得る、令和ニッポンに生きる私たちはどのように備えれば良いのでしょうか。

この本が皆様の一助になると幸いです。

最後に、この本は日本国内に３６０万社（※２０２１年度経済センサスによる）ある会社の経営者や役員、管理職の方々を対象とした内容となっています。

しかし、**私は若い人たちにもぜひ読んで頂きたい**と考えています。あなた達若い皆さんも将来、経営者や役員、管理職となるからです。

あなた達が管理職や経営層の立場となる頃までに、どれほどハラスメントリテラシーを広く行き渡らせることができるか。それをどのようにあなた達に引き継いで行けるのか。それが、私たちの世代の戦いなのです。

「ハラスメント」が会社を潰す。　目次

第二章　ギャップがハラスメントを生む

第三章　ハラスメントはコスパが悪い？

第四章 ハラスメントを撒き散らすな！

第五章　令和は『ハラスメントとサヨナラ』の時代

第六章　「労働トラブル相談士」の挑戦

追補

第一章

私たちはハラスメントフルな時代を生きている

ハラスメントが即経営のリスクである

いまのテレビが面白くないと言われるのには理由がある

令和現在、私たちはあまり余裕がない環境で生きています。不透明な国際情勢、楽観視できない日本経済、不安定な就労環境、どんどん難しくなる老後設計…何一つ「これからの我が国は大丈夫！」と言い切れるような材料が見出せません。

これらを一言で言ってしまえば、**「皆がギスギスしている」**。令和の現在は、日本全体がギスギスしている時代と言えるでしょう。

ギスギスしているというのは、常に攻撃対象を求めていると言い換えることができます。攻撃している間は、一時的とはいえ今の余裕のなさや将来の不安を忘れられるからです。

「誰かに、何かに文句をつけたい」

「不平不満を言いたい」

「自分の方が正しいと主張して優越感を得たい」

このようなマウントを取ることで、自分の現在位置を補正して、充足感を得ているのでしょう。

このことは裏を返すと、**「社会全体が潔癖を求めている」**ということになります。ひとたびミスや不正があれば、総攻撃を受けるわけですから、個人も企業もそのようなことが無いように必死です。それはつまり、潔癖を目指しているということです。


例えば、分かりやすくテレビの世界を見てみましょう。

現在はテレビを見ていても視聴者からクレームが入るような内容を取り扱うことは大変に少なくなっています。テレビ番組を制作している皆さんも、気を使っているのでしょう。視聴者の不満は、番組のスポンサー企業への不満につながるためです。そのことでスポンサー広告料が入ってこなくなっては元も子もありません。

「過激」や「人をバカにする、笑いモノにする」番組はラテ欄から消え、家族で安心して見られるクイズ番組やアニメばかりになった、と揶揄されるようになりました。

この揶揄もまた、時代のギスギスが生んだ攻撃なのかもしれませんね。

さて、そうなると番組のキャスティングでも不倫騒動などを起こしたタレントは使いにくくなります。視聴者＝スポンサーの印象が悪くなってしまうためです。

また過激なタレントも使いにくい。何をするか予想がつかないからです。

毒舌タレントなどは時代性とマッチしているようにも感じますが、家族で見る番組には適していない。YouTubeなどでは良いでしょうが、テレビとはミスマッチです。今テレビで見る毒舌タレントは、テレビ局やスポンサーのニーズをちゃんと理解できる、使いやすいタレントなのでしょう。

このように限定していくと、キャスティングできるタレントというのはだいぶ絞られてきます。その結果、どの番組を見ても同じタレントが出ている、どれを見ても同じで無難だから面白くない、という現象になります。

許されない令和の世の中

以上はテレビの例ですが、その他の世界でも当然に同じことが起こっています。

たったひとつの不正、ネガティブなニュースで株価が下落し、不買につながります。

さらに以前と違うのは、なかなか攻撃が収まらないところです。

昔であれば、ひとしきり新聞やニュースで取り上げられて自分の周辺の人間と「イヤよねぇ〜」と数日間言い合えば、その後は日々の生活に紛れて話題も飽きられ、何となく忘れ去られたものです。

しかし、現代にはどんな遠くの人間とでもつながることができるSNSがあります。広く世間を見れば、いつまでも不満を言い合える仲間が見つかる。忘れられるキッカケが無いのです。

その匿名性も相まって、SNSはギスギスの巣窟です。そこでの声の集合は、企業としても見過ごすことができなくなってきました。

このように、**どれだけ盤石だと思われている会社も、ミスや不正一つであっという間に揺るがされる時代**です。

これまでは商品や決算の不正が取り上げられることが多く、またその影響も大きかったですが、これからは**【ハラスメント】**もその材料に加わることになります。

社内でのパワハラ、セクハラ、マタハラ、その他諸々のハラスメントトラブル。いずれも経営のリスクとなります。そして、それは誰にでも起こり得るし、起こし得る。

つまり、上手な経営にはハラスメントリスクのマネジメントが欠かせなくなるのです。
令和は、そんな時代です。

ハラスメントはいつもあなたの隣に

改めて「ハラスメント」とは

日々ネットを見ていると、ほとんど毎日**【パワハラ】**や**【セクハラ】**などのニュースがあがっています。ご存知の通り、【パワハラ】はパワーハラスメントの略、【セクハラ】はセクシャルハラスメントの略です。

では、改めて『**ハラスメント**』とは何でしょうか。

『ハラスメント』とは、一般的に人に対する「嫌がらせ」や「いじめ」などの迷惑行為を指します。

より具体的に表現すると、**「相手の属性や人格に関する言動などによって相手に不快感や不利益を与え、尊厳を傷つけること」**をいいます。

ハラスメントは職場のみならず、家庭、学校、友人関係など様々なところで起こり得るものですが、この本では主に会社の中でのハラスメントにフォーカスしています。

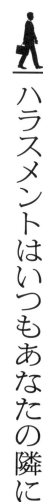

さて、２０２２年４月１日から、中小企業における職場のハラスメントを防止するための対策強化が、労働施策総合推進法、通称『**パワハラ防止法**』によって義務化されました。大企業については２０２０年６月１日より既に義務化されていたことと併せて、全企業にハラスメント防止対策の強化が義務化されたということになります。

つまり、**長年にわたり我が国の就労環境の懸案事項であり続けてきたハラスメントの掃討に、いよいよ国が本腰を上げた**ということです。

有り体に言えば、これからは『**ハラスメント対策がアツい**』。経営者や管理職であれば、知らなかったでは済まされないようになるでしょう。

ハラスメントが無い職場なんて奇跡

職場でのハラスメントには、

- **パワーハラスメント**（パワハラ）
- **セクシャルハラスメント**（セクハラ）
- **マタニティハラスメント**（マタハラ）

などの種類があります。

実際には、嫌がらせを受けたと被害者が感じればハラスメントの可能性がありますので、その種類も膨大となりますが、この本の中では**①職場において　②多数の人が感じる主なハラスメント**を取り扱っています。

パワハラ防止法の改正により、パワハラ防止措置が事業主の義務となりました。

それと同時に、男女雇用機会均等法や育児・介護休業法によりセクハラ、マタハラの防止対策が強化されています。

厚生労働省の調査によると、過去3年間に、パワハラ、セクハラを一度以上受けたことがある割合が、それぞれ31・4%、10・2%となっており、ハラスメントがどの職場でも起こり得る

図　過去3年間にハラスメントを受けた経験

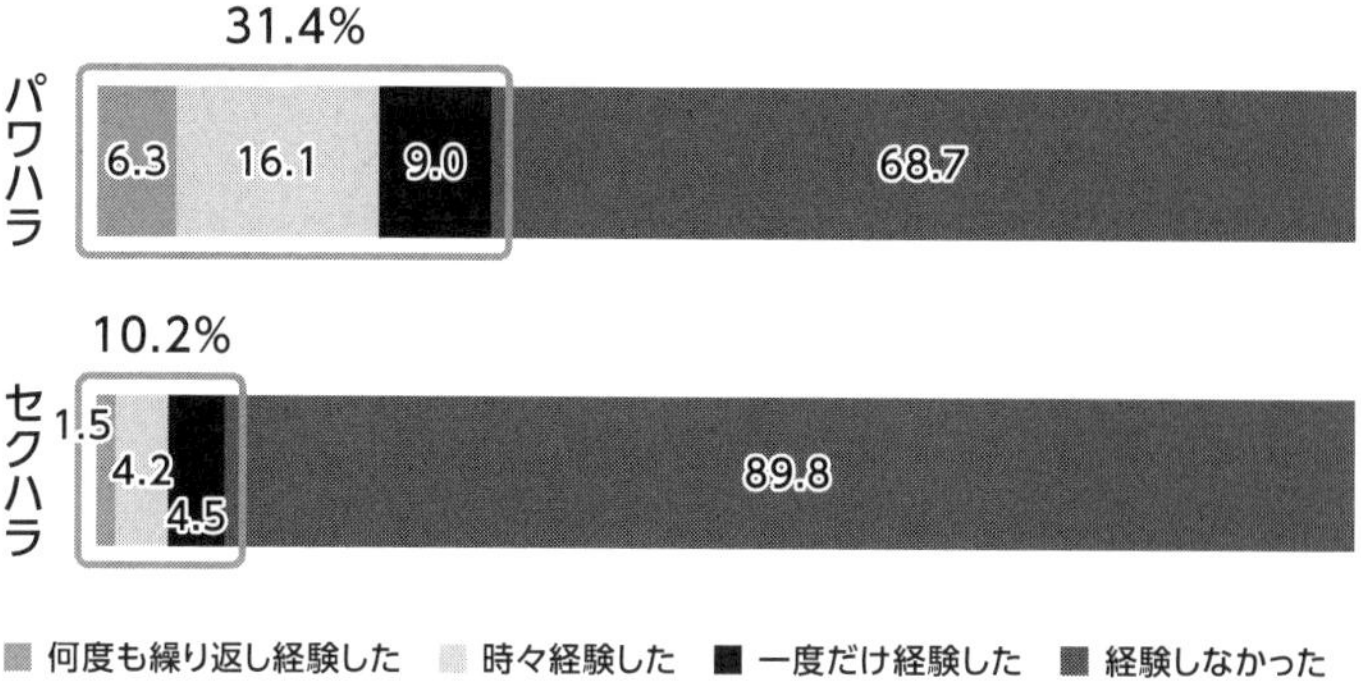

（対象：全回答者　n=8000）

出典：厚生労働省「職場のハラスメントに関する実態調査」

ものであることがうかがえます。

特にパワハラについては実に約三人に一人が経験しており、我が国の労働環境の悪化に大きな影響を及ぼしていると言わざるを得ません。

その他のハラスメントとして、顧客からの度を越えた要求や悪質なクレームといった**「カスタマーハラスメント」**、採用選考時における企業の人事・採用担当者から求職者に対する**「就活ハラスメント」**等も近年問題視されています。

いかがでしょうか？

社会に出て仕事をしている上で、これらに全く思い当たることがない、という幸せな方はほとんどいないのではないでしょうか。

自身がハラスメントの被害に遭っていなくても、「周りの誰かが被害に遭っている」「見聞きしたことがある」程度であれば、ほぼ１００％の人が経験していると思います。

つまり、ハラスメントとはそれほどに我々の身近なものなのです。

自分以外の誰かと関わって仕事上での利害関係を持つ限り、大小問わず摩擦は生まれます。

それを毎日繰り返している中で、一切のハラスメントに出会わないというのは、現代社会で奇跡に近いでしょう。

もしそれが奇跡であるならば、私たちは奇跡に期待をするわけにはいかない。奇跡に期待する経営はあってはならないことです。

いかに社内の【ハラスメント】を【マネジメント】するか。間違いなく、今後の大きなテーマとなってくるでしょう。

ハラスメントはただの言葉だ

「ハラスメント」という言葉で行為が矮小化されている

「パワーハラスメント」や**「セクシャルハラスメント」「モラルハラスメント」**、最近では**「アルコールハラスメント」「アカデミックハラスメント」**など、『ハラスメント』という言葉が使われる場面は多岐に渡ります。

しかし、この「ハラスメント」という言葉は、カタカナということもあって加工がしやすく使いやすい反面、印象をマイルドにしてしまう欠点もあります。

ハラスメントの多くは**「他者への嫌がらせ」**であり、そのうちの何割かは**「具体的な法的犯罪・不法行為」**です。時に他者の身体・生命を侵し、時に他者の日常の生活を破壊します。このような不法行為を、普段から職場で積極的に行いたい、というサイコパスな人間がどれほどいるでしょうか？　ハラスメントという言葉が、不法行為をその重大さから遠ざけているのです。

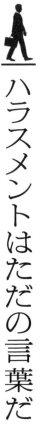

この「ハラスメント」や、古くは「イジメ」などの言葉によって悪印象が矮小化されている結果、加害者のセクハラやパワハラなどへの罪悪意識、ハードルが下がっていると考えられます。罪悪意識が低いので手も出しやすく、「積極的に抑止しよう、そのためにまず学ぼう」という姿勢にもなりにくい。

まして、ハラスメント行為を会社が組織ぐるみで行うなどあってはならないことですが、現実には残念なことに「多少のセクハラやパワハラは、我が社の文化だ」と言い切る輩がいます。これは言い換えると、「多少の犯罪行為は我が社の文化だ」と明言していることになります。

もう一度繰り返しになりますが、**「ハラスメント」の実態は「嫌がらせ」であり、「法的な犯罪」です**。言葉の軽さに惑わされないよう注意してください。

『ハラスメント』が
会社を潰す。
解説中
攻めの防衛策、
ハラスメントリテラシー教育。
労働トラブル相談士が
集中
解説
ハラスメントリテラシーの
欠如が会社を傾ける。
令和はそんな時代です。
Capable Human Resource Educational Association
クレア人財育英協会

#ハラスメント　が会社を潰す。令和はそんな時代です。
#パワハラ　や　**#セクハラ**　で、会社の評判、信用が失墜したケース、何度も見ていませんか？
無関係だと思っているのなら、とんでもなくお気楽大間違いです。
社内の誰かの起こしたことが原因で、
『あなたの会社が傾いてもいいですか？』

第二章

ギャップがハラスメントを生む

『令和』は『昭和』の感覚では生き残れない

30年一時代の隔世

「昭和」から「平成」を経て、現在は「令和」になりました。

「昭和」と「令和」の間である「平成」が30年間。**この30年間の間に、物や仕事の価値観は大きく変わりました。**高度経済成長を支えた終身雇用制度は事実上崩壊し、雇用の流動化が促進され、「非正規雇用」なる就業形態も登場しました。

高度経済成長に象徴される我が国の上昇景気は、昭和末期のバブル景気を頂点として、平成長らくの間に失われた10年とも20年とも言われる低成長時代を迎えます。

「24時間働けますか」と言われた昭和末期の無茶なパワーは失われ、令和ではワークライフバランスに代表されるように「いかに無理をせずに自分の人生を生きるか、仕事も人生のほんの一部にすぎない」という考え方が浸透してきました。

モノについても、昭和の時代には「三種の神器（白黒テレビ・洗濯機・冷蔵庫）」やクーラー、自家用車などが多くの世帯に普及し、「いつかはマイホーム」のかけ声のもと、父親は土曜日も含めて週に6日、満員電車に揺られながら出社して、就業時間の後も会社に残って仕事に邁進していました。

バブルの時代になると、ブランド品が高騰し、女性も男性を判断する基準に高収入を掲げるなど、札束がものを言う時代となりました。旺盛な物欲、所有欲はますます膨らみ、その熱狂の対象は不動産にまで及びました。

バブル経済が崩壊し、平成を経て令和になりますと、若者の物欲は減退し、サブスクエコノミーに象徴されるように、物を持たない生活に価値を見出すようになりました。買うより借りる、アナログよりデジタルを選択し、身軽でミニマムな生活を志向しています。記念日のプレゼントなどが、モノよりも体験のプレゼントが喜ばれるようになったことも、この傾向の一環でしょう。

男女の関係にも大きな変化が出てきています。昭和の時代には「男は仕事、女は家庭」と役割分担され、家庭の中では外で働いてくる父親が一番偉く、「夫唱婦随」という言葉に象徴されるように、家長としての父親の権力が一番とされていました。

この男性優位は職場にも持ち込まれ、**「女性は出世ができない」「女性は総合職になれない」**などの状況が続きました。

また、女性をモノのように扱う男性も多く、男性から女性へのボディタッチやスキンシップなどについても、寛容であるべきとされた時代性でした。

昭和60年に成立した「男女雇用機会均等法」が平成に入り徐々に浸透してきて、男女の関係性に変化が現れました。「男は仕事、女は家庭」という考え方は薄れ、バブル崩壊からの低成長経済下ということも相まって、夫婦間の共働きの割合が増加しました。家長としての父親の役割、権力は必然的に低下し、女性側が働いている＝収入があるということもあって、女性側から離婚を選択しやすい環境が整いました。

令和の現在では家長という考え方はほぼ消え去り、夫婦及び子供を含めた家族は人生におけるパートナー・チームとして、お互い尊重し合うべきという考え方が広まってきています。

職場においても女性の地位は徐々に上昇してきており、女性役員なども珍しくなくなりました。以前はボディタッチなどと呼び軽視されていた接触も、現在はセクシャルハラスメントとして、糾弾されるべき行為となっています。

価値観が変わっていくことは誰にも止められない

ここまでお読みいただいてお分かりのとおり、昭和を生きてきた人々の考え方と、令和を生きる人々の考え方のギャップは、埋まりようがありません。ほぼ正反対といった考え方も多く、価値観の落とし所を見出すのはほぼ不可能と思えます。私のように人生の大半が平成を生きてきた人間としては、価値観は令和世代に近いけれども、昭和世代の価値観も見知っているので、どちらにも対応は可能です。しかし、平成世代が間に立たずに昭和世代と令和世代が話をすれば、お互いにもはや異星のエイリアン同士の会話と感じるかもしれません。

ただ、昭和世代が「昔は寛容で良かった」「我々の若かった頃は日本に勢いがあった」といくら言ったところで、**現代が令和である事実は変えられません。**令和の時代に昭和世代の感覚を押し通そうとすると、そこには様々な軋轢が起こります。その中の一部はハラスメントとして問題視されることでしょう。令和にも生き残りたければ、自らの価値観を意識的にアップデートをして、令和世代の感覚を学び、吸収しなければならないのです。

変化はいつも後方で起こっている

年長者、上司だからこそ意識すべきこと

人は原則として前を見て歩きます。物理的にも、精神的にもです。昨日のことよりは今日これからのこと、明日のこと、もっと先のことを考えています。会社の中であれば、あの仕事を上手くまとめたい、もっと上の役職に行きたい、もっと給料が欲しい、と先々のことを考えます。

中高年になれば、これから自分の老後はどうなっていくのだろうか、いつまで働き続けられるのだろうか、老後の収入は大丈夫なのか、などと考えたりもするでしょう。いずれも、これから先の時代で自分がどのように生き抜いていけるか、という視点です。

この視点では、自分と同年代、およびこれからの自分が歩む道を示してくれている年上世代（会社であれば上司）の姿しか、視野に入ってきません。自分より年下の世代、特に二回りも世代が離れてしまえば、ほとんど視野の外と言っていいでしょう。

しかし、**大きな変化はいつも若者**（＝部下）**の世代で起こるものです。** 私たち年長者（＝上司）の立場では気づきにくい後方で、時に大胆に、時に息を殺しながら変わっていきます。

それは、私たちの事などを顧みません。気にも留めません。私たちが会社のために行ってきた貢献、築き上げた実績、長年の愛着、全てが関係ありません。私たちの事情の一切を飲みこむ勢いで変化していきます。

私たち年長者はいつも意識的に若者たち見て、その動き、潮流を自ら感じ取らねばならないのです。決して見えないものではありません。**【不満や愚痴】**という形、**【新しい提案】**という形、**【相談】**という形、様々な形で顕在化しています。

その本質をすくい取って、しっかりと受け止め、必要に応じて自分たちの経験もそこにフィードバックさせる。 それが我々年長者、上司の役割というものです。不満や愚痴も受け入れ、新しい提案にも共感し、相談にもそれぞれの立場を反映して受け答える。そうすることで、若者には私たち年配の経験に基づいた考え方を伝えることができ、私たちは若者が何を考えているのか、今どのような流れが起こりつつあるのかということを感じ取ることができます。結果として、社内の年配と若者のギャップが少しずつ埋まっていくというものです。

ぜひ、**若者と言葉を交わしてください**。全てを満遍なく受け入れる必要はありません。私たちの考え方も伝えつつ、彼らの考え方、問題意識の源泉がどこにあるのかということに、気持ちを沿わせてください。それだけでもハラスメントの素地を大分解消することができるでしょう。

あなたの**「器」**を見せてやるときです。

歳を取るのは誰でもできる、そして誰もが歳を取る

【年功】に価値が無い訳ではない

『年功序列』というシステムが、昔から日本にはありました。

長く生きて来ている分、価値があるという考え方。この考え方自体は、一概に否定できるものではないと思います。確かにそのような側面はあるでしょう。長く生きている分、仕事やプライベートにおいても多くの経験を蓄積していて、良い方向に向かう方法、悪いことを回避する方法などに長けていることも少なからずあります。

ただし、それがすべての価値ではない。**長く生きてきている＝即ち偉い、偉大ではない**のです。歳を取って、立場を得てしまうとそれを勘違いしてしまう。

立場（役職と言い換えても結構です）には価値があります。その立場を与えられるまで、積み重ねてきた時間、努力、実績は、無視されるべきものではありません。しっかりとし

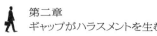

た仕事を行って、会社の成長に貢献をし、後に続く者を育てていく。大変に価値のある実績です。

しかしながら、この「年功序列」という日本式出世システムは、長く会社に在籍しさえすれば価値が上がる＝出世ができるという点で問題がありました。

本来であれば、「長く会社に留まる＝会社にとって利用価値があって、解雇すると不都合である→だから、社歴の長い社員には価値があって出世をする」というシステムのはずです。これであれば、会社にとって価値がない人員は、時間とともに淘汰されていき、残った社員は精鋭となって強靭な組織が構成されていきます（しかし、この点は検証の余地があります。後の2：6：2の法則の説明を参照）。

若いほどモチベーションが上がらないシステム

しかしこの「年功序列」は、やはり日本式である「終身雇用制度」との食い合わせが悪かった、と言わざるを得ません。

この二つを併存させることにより、

●出来が悪い＝会社にとって価値が低い人員が、解雇されずに社内に滞留する
●社歴が長いだけで、役職が上がる＝出世する

結果として、出来が悪い人材が出世してしまう、社内で発言権を得てしまう、ということが、多々起こるようになりました。

本来、社内で上位ポジションを得られるようなポテンシャルの無い人間が上司ヅラをするわけですから、組織はガタガタ、モラルもボロボロ、部下のモチベーションはだだ下がりです。これでは会社として、順調な成長をできるわけがありません。

歳は誰でも取ります。それ自体に価値があるわけでも、差があるわけでもありません。歳を重ねる間に何を得たか。どのような貢献をしたか。ノウハウを持ったか。価値があるのはそれらの点です。

加齢によって、若い頃と比べて失うものは多々あります。体力の衰え、集中力の低下、記憶力の減退。

そして何よりも**「柔軟さ」**が失われます。

この柔軟さは、残念なことにこれまでの経験や実績と引き換えに失われることが多い。

それまでの成功体験が邪魔をして、新しいタイプの問題であってもこれまでの常勝パ

ターンに当てはめようとする思考が働くためです。

常勝パターンでの問題解決は効率的で確実ですが、新しい価値を生み出さない。事業は新陳代謝が行われなくなったら負け、衰退しかありません。現状維持を行うためでさえ、周りの環境や世界の動向の変化に合わせて、変わっていく必要がある。そのためには常勝パターンでさえ害悪になる、ということです。

年の功が一義的に罪、害悪だと言っているわけではありません。年の功しか評価されない組織システムには問題がある、ということです。

社内の若者が求める柔軟な新しさ、それと年長者が武器としている常勝パターン＝年の功。両者の間に**ギャップが生まれます。ハラスメントの発生です。**

ギャップを埋めるにはそれぞれの得意、メリットに着目する

実は、このギャップで起こる可能性のあるハラスメントは双方向です。

ひとつは、**「上司から部下へのパワーハラスメント」**。

もうひとつは、**「歳上への切り離しハラスメント」**です。

前者はご存知の通り、上司が部下に対して行う**「あーしろこーしろ」の強制**です。適正なレベルであれば指導として受けとめられ、ハラスメントと見られることは少ないですが、程度が過ぎるとハラスメントと判断されます。

後者については、**「価値観の合わない人物を仕事上の人間関係から切り離す」**ハラスメントです。これはキツい。表立った攻撃があるわけでもなく、かと言って誰かと関われるわけでもない。そこに存在をしないような扱いを受けるのです。

先のケースで言うと、年長者の持っている経験則、常勝パターンのノウハウが、若い社員たちから見ると硬直化していて気に入らない。だから、同僚の年長者社員には話を振らないで、若い世代の社員だけで話を全部進めてしまおう。それが常に行われているのが、切り離しハラスメントです。

実際の切り離しハラスメントはもっと生々しい人間関係のケースが多いですが、一類型として紹介しました。

歳は誰でも取ることができます。年長者がそれだけで偉いわけではありません。そして、誰もが例外なく歳を取ります。若者もいずれ年長者となっていくのです。

前者後者いずれのケースについても言えることですが、年長者であることも、若いことも、それだけが価値を持つわけではありません。それを振りかざして業務に支障をきたすのであれば、いずれも害悪です。

それぞれの得意不得意、メリットデメリットをしっかりと意識して、それを尊重することで、ハラスメントリスクを解消することができます。

誰もが不満の落とし所を探している

不満＝「現状を変えたい」と思う気持ち

現代社会に生きる人々のほとんどは、何かしら現状に不満があります。
お金が無ければ生活に対して、お金があれば税金に対して。会社勤めであれば会社に、経営者であれば景気に。大人であれば政治に、子どもであれば親や学校に。シニアであれば若者に、若者であればシニアに…不満の種は尽きません。おそらく、私たちの多くは不満を原動力に動いているのでしょう。

不満というのはつまり、このままの現状ではいけない、現状を何とかしたい、変化をもたらしたい、変えたいという気持ちです。変えたいと思うからこそ、私たちは能動的に動くのです。現状に何の不満もなければ、原動力も必要ない。歯車として、惰性で回っていれば十分です。

不満はパワーだということもできます。そのパワーの発露の一つが、『**拡散**』という行為であることは比較的自然な流れです。

不満の落とし所をコントロールするのが管理者側の役割

ハラスメントをする人間＝加害者は、多くの場合被害者に対して何らかの不満があります（一部は自身の愉悦のためだけですが）。

「仕事が遅い」「要領が悪い」「意見が合わない」「生意気だ」等々。これらの不満が、ハラスメントとして直接的または間接的に、被害者にぶつけられます。これも一種のパワーの発露であることは否定できません。方法に間違いこそありますが、現状を変えたい、仕事の具合が良くなるようにという想いに基づくものが多々あることも事実でしょう。

それに対して、ハラスメント行為の被害を拡散する人たちもまた、現状を変えたいというパワー＝不満を持った人たちなのです。「自分であっても赤の他人であっても、このハラスメント行為が無くなるように」「世論の力を借りて、ハラスメント行為を止めたい」等々、今まさに起こっているハラスメントのある現状を変えたい、というパワーなのです。

つまり、現代社会ではハラスメントトラブルの被害者はもちろんのこと、加害者も、そしてそれらのトラブルを拡散する人間も不満を持っている人々です。彼らはみな、不満の落とし所を探している。

しかし、大きな差がひとつあります。それは、**最初に仕掛けたハラスメント加害者が「悪」だということ**。すべての不幸なサイクルの起点となります。これだけは揺るぎません。

不満を原因とするハラスメント→ハラスメントを不満に思う投稿→この投稿に共感する拡散→企業・ブランドの信用悪化、加害者個人への攻撃。ドミノ倒しです。

起点となるハラスメントをコントロールできれば、この不幸な連鎖は起こりませんでした。最初の時点での被害者への不満を、ハラスメントという形で表現するのではなく、適切な指導で解決できていれば、企業にとっても加害者個人にとっても、悪い結果とはならなかったことでしょう。

老いは安定を求め、若さは変化を求める そして企業も市場も変化を求める

世間のニーズにだけは抗えない

若い皆さんにも知っておいていただきたい。歳を取るにつれて、確実に身体は動かなくなり、気力も衰え（やる気がなくなり）ます。今若い時代を生きている皆さんには想像がつかないことでしょうが、これは確実です。

だからこそ年長者は安定を求め、変化を求める若者との軋轢が生まれるのです。さて、しかしながらハラスメントにテーマを絞るとなると、これらの軋轢の多くはパワハラへと転換されます。

変化を望まない年長者社員と、変化を望む若年社員。

わかりやすくギャップが生まれました。**ハラスメントの登場**です。

多くの場合は上司である年長者社員による、若年社員へのパワハラというケースでしょう。

若い社員は新しい取り組みがしたい、チャレンジがしたい。ニーズを先取りしたい。これまでに未開拓のマーケットを創出したい。頭と体をフル回転して、未来を切り開こうという意志に溢れています。

一方で年長者の社員には、若者が挑もうとするチャレンジが無謀に見える。成功する保証がない。もっと効率的に稼ぎ出せる従来のやり方がある。新しいことは、当初は手間とコストがかかって実入りが少ない。そもそもアイディアがよくわからない↓自分が主導権を取れないものは嫌だ。理由は色々ありますが、突き詰めれば安全、安定に流れたいという意識に囚われがちです。

この二つの価値観のどちらが必ず正しいというわけでありませんが、この価値観のギャップに起因して、年長者から若年、上司から部下へのパワハラが行われることは少なくありません。

しかし、我々年長者は特に意識しておかなければならないことがあります。それは**「市場は変化**（若者）**の味方」**ということです。市場が変化を求めるということは、必然的に企業活動も変化を求めることになります。

つまり、マーケットのニーズに気付かず、自社の成長の足を引っ張り、若年社員へのパワハラを行って職場の雰囲気も害す。そのような老害を、積極的に残してくれる会社が果たしてどれほどあるでしょうか？仮に今は立場に守られて残れているとしても、これからの世の中では難しくなるでしょう。

年長者の安定志向は、ハラスメントを生み、老害行為を行いがちとなり、世の中から置いていかれる原因となることを重々自覚しておくべきなのです。

性別に価値は無い　特長があるだけ

「能力差」ではなく「機能差」

「男尊女卑」「夫唱婦随」「内助の功」等々、女性から見てハラスメントと捉えられる日本語の言葉は多々あります。私たち世代（昭和末期生まれ）から見ても、すでにズレを感じますが、平成以降生まれの人たちから見たら何のことを言ってるのかすら分からないのではないでしょうか。

しかし、昭和中期以前の生まれのシニア層には当然の感覚、常識なのです。女性は男性を敬って当然、妻は夫の言うことを聞く、妻は陰ながら夫のサポートをする…これらを是とすることに何のメリットや生産性があるのかよく分かりませんが、我々の親世代は当然のように使っています。

文化や習慣は伝播します。父親が母親に対してそのような態度をとっていた場合、その感覚が子供にも引き継がれることがあります。

夫婦であれば、長い時間をかけて角が取れて丸く収まっていくということもあるでしょう。しかし、会社の中での関係となるとそうは行きません。男尊女卑の傾向がある男性の上司と、女性の部下。「これだから女は…」だとか「女のくせに…」というようなセクハラ発言が横行する会社もまだ多いのが現実です。

男性と女性は同じ人間ですが、別の生き物です。一人一人の個性とかという以前に、そもそも機能が違います。

女性には生理があります。妊娠をし、出産をします。これらは男性にはありません。そのため、男性の方が仕事を休む機会が少ない、またフルで活動しやすいのは事実です。しかし、これは男女の能力差ではありません。機能差です。何なら、生物としての機能で考えると、私たち男性の方が機能が少ないと言って差し支えない。それも種を繋ぐという、生物根本の機能が欠けている。このこと一つとっても、女性が男性に劣っているなどということはありえません。

他方、女性が男性を蔑んで良いのかといえば、それもまた本末転倒です。男性の方が、平均として生物学的に体躯が頑健で、筋力が強く、体力勝負の仕事などについては間違いなく女性よりも適しています（あくまで平均値の話です）。

いずれも、どちらが優れているという話ではありません。これらは、男性と女性の『特長』の話でしかない。

このように、『**性別**』**自体に価値は無い**のです。それぞれの能力の価値を数量化はできないし、一方に軍配を挙げることもできません。

セクハラ上司が自分の何に自信を持っているのかわかりませんが、**男女の特長の違いを能力差と捉えてハラスメント行為を繰り返すことは、職場にとっても会社にとっても害悪でしかなく、企業活動の妨げにしかなりません。**会社に残しておくメリットは少ないと断言できます。

バブルの感覚はハラスメントが過ぎる

勢いだけで何とかなる時代があった

１９８０年代、我が国には**「バブル景気」**というものがありました。日本に活力と勢いがあったと言われています。筆者自身は年代がずれていることもあり、子供心に「ああ、おかしな乱痴気騒ぎやってるな」程度に感じていました。「乱痴気騒ぎ」は、後に大人になってからの言葉のチョイスですね。当時は、おかしな騒ぎ方してるな、と冷めて見ていたと思います。

１９９０年代に入ってバブル経済は崩壊しますが、その後も当分は余韻（バブルの残り香などとも呼ばれます）が数年続いていました。少し経てばまた同じように復活する、との期待感でもあったのでしょう。

１９９０年代の後半になると、世紀末及びミレニアム末ということも相まって、日本社会に暗いムードがはびこり始めました。景気の後退は疑いの余地が無く、経済の低成長を見据えて各企業は新卒採用を絞り、俗に言う**「就職氷河期」**へと突入しました。この時期に就職活動をしていた世代（筆者自身も含めて「就職氷河期世代」と呼ばれます）とバブル期を謳歌した世代には、仕事や生活、価値観に至るまで、とても埋められない大きなギャップがあります。

感覚自体が原因

そして**ハラスメントの世界においてもこのバブル世代が跳梁跋扈している**という点が見逃せません。

まず、第一に年代。バブル世代は若い頃には何もせずとも全てが上手く回っていたし、経済が低迷し始めた頃には、部下や後輩ができたので自分で動く必要性は少なくなりました。遊び上手で調子は良いので、仕事をせずとも上から睨まれることは少ない。その尻拭いをさせられているのは部下や後輩達です。

第二に性質。当時は「イケイケ」などという言葉が流行っていましたが、バブル世代はそれを体現しています。勢いだけで乗り切ろうとするし、そしてそれができることを信じきっている。自己肯定感が高いのでしょうが、それに付き合わされてきた世代としてはいささか迷惑です。

第三に世相。当時はジュリアナ東京などのディスコ（現在のクラブのようなもの）で、女性は露出度の高い派手な服を着て踊り狂っていました。より目立った者勝ちの世界です。「アッシー（車で送り迎えをする男性）」「ミツグ君（お金や高級ブランド品を貢ぐ男性）」などをたくさん侍らせた女性が価値があるとされ、男性もそのような女性をいかに口説くかで、男の器量を問われたとされています。

つまり、女性は自分自身を商品化し、女性としての自分に最も高い値段をつけた男を選択するという価値観です。この当時は、女性自身が進んでそれを行なっていました。男の側も女性を商品（＝モノ）と見て、お金を払うに見合うようであれば、札束を出すという価値観でした。

女性は商品として自分を高く買う男性に取り入り、男性は自分が買った商品（＝モノ）として扱います。それが強さの象徴だったのでしょう。男女同士で利害関係の一致、ギブアンドテイクが成立していたと考えられます。

当時の当たり前が現在ではハラスメント

さて、現代でバブル期上司がこの価値観を職場に持ち込んだらどうでしょう。男性であれば、女性を引き続きモノとして見がちです。しかも年長、上司として立場も強い。その結果、セクハラを行い、自分になびかない相手に対してはパワハラを行います。

また、バブル期世代は勢いだけで何でも自分たちの思い通りになってきました。時代、景気の力が殆どですが、彼らは自分たちの実力と信じて疑わない。ですから、ノリが悪い、勢いや元気がない人間が嫌いです。部下にも常にノリや勢いを求める。バブル期以降の世代は決して景気の良い時代を過ごしてきているとは言えませんから、ノリや勢いを忌避する人は少なくないでしょう（筆者自身もそうです）。

ここにギャップが生まれ、ハラスメントが発生します。

もちろん、バブル期世代の人々が全員そうだというわけではありません。あくまでも傾向です。常識的な方もいらっしゃいますし、むしろ常識的な方々のほうが多いのでしょう。

しかし、他の世代に比べると「イケイケ」な価値観を持っている人が多いのは事実ですし、そのような人たちの方がどうしても悪目立ちしてしまいます。そのために、そちらがバブル世代の代表という印象になってしまうのでしょう。

私たちが生きる現代からこれから先の日本は、バブルの時期と違い大変です。国際社会の中での地位は低下しつつあり、国の活力、経済に勢いがあるとはとても言い難い。社会保障が破綻する（=保障がゼロになる）ことは無くとも、国による十分な保障を受けられるかどうか不透明な見通しです。雇用は流動的になりながらも、いまだ中高年齢層の採用間口は狭いときている。最後まで生き抜くことさえ簡単ではありません。

今後これらの点は改善されるかもしれませんが、バブル崩壊期世代には間に合わないことが予想されます。一方で、バブル期世代はこのまま退職し、十分な年金を得て、社会保障を受け、老後を謳歌しながら人生を全うすることでしょう。

私たちには、彼らを見習うことも、見習わずに反面教師とすることもできます。見習って同様の評価を受けるか、それらを反面教師として今の時代にアジャストするか。決めるのは私たち自身です。

第二章
ギャップがハラスメントを生む

セクハラは、ルール以前に
『カッコ悪い』
ルール的にも
アウトですけどね。
攻めの防衛策、
ハラスメントリテラシー教育。
労働トラブル相談士が
集中
解説
ハラスメントリテラシーの
欠如が会社を傾ける。
令和はそんな時代です。
Capable
Human
Resource
Educational
Association
クレア人財育英協会

#ハラスメント　が会社を潰す。令和はそんな時代です。

上司と部下は　ただの他人

ただの他人に　触れられるなんて気持ち悪い。

気持ち悪いと思われるなんて

ルールうんぬんの前に　カッコ悪くないですか？

でもルール的にもアウトなんですけど。

#セクハラ　で人生詰むなんて

尚更イタいですよね

第三章
ハラスメントはコスパが悪い？

一度の過ちを取り戻せるほど甘くない時代

会社も人も丁寧に過ごさなければならない

昭和や平成初期を思い返せば、テレビのワイドショーで芸能人のスキャンダラスな話題が花盛りでした。「俳優Ａが不倫した」「芸人Ｂが暴力沙汰」「スポーツ選手Ｃが薬物で逮捕」等々…このような話題が連日連夜取り上げられていたものです。

しかし、彼らＡＢＣはいくらかの時を置いて、テレビの華やかな世界に戻ってきました。ある者は事件をネタにして、ある者は事件が無かったかのように、堂々とカムバックしました。番組を作るテレビ局も、ＣＭを出稿するスポンサーも、そして視聴者の私たちも寛容だったのでしょう。

さて、令和ではいかがでしょうか。

俳優Dや芸人Eが不倫をすれば、事務所を解雇になって、テレビドラマや映画出演の予定は白紙、レギュラー番組も降板になりました。

アイドルFはグループに所属する以前の過去の行動が問題視され、センターのポジションを降ろされてしまいます。

芸人Gは事務所を通さず仕事を行った闇営業問題で事務所を解雇、番組は降板、テレビへの出演自体が無くなりました。

いずれのケースも厳密にはコンプライアンス上の問題があるとはいえ、暴力や薬物などのように明らかに悪質な違法行為というわけではありません。しかしながら、事務所の解雇や仕事の消滅など大きな影響を受けています。

しかも、その影響が一時的なものではなく、長期にわたり「許されない」ということが特徴です。

令和の消費者は、過ちを簡単には許してくれなくなりました。しかも、人を選ぶ。同じ過ちを犯しても、世間の反応が違ったりします。私などは、「DやEは、確かにモラルとしてよろしくないことをしたが、長期にわたって仕事の場を奪われるほど、悪いことをしただろうか? 一時的に話題になることは仕方がないとはいえ、家庭の中で解決すれば良いのでは? 同じように不倫が明らかになった人は他にもいるのに、結果(=嫌われ方、と読み替えても良い）が異なるのは、予想が出来ず怖いものだな」と感じます。

そう、令和の世間の反応は読めないのです。誰もが発言できるSNS上での意見の着地は、配偶者の対応や、謝罪までの日数一つでガラリと形勢が変わります。前述のケースはいずれも事後対応の失敗ケースと言われていますが、それは結果論でしかない。**思い通り完璧にダメージをコントロールすることは不可能**と言っていいでしょう。

さらには、インターネット上には過去のスキャンダルのニュースが残り続けます。まとめページを作る輩も出てくるでしょう。

このように、令和は一度の過ちを取り戻せる時代ではなくなっているのです。だからこそ、人間も会社も可能な限り丁寧に生きる、運営することが求められています。

一時の優越と自分のポジションを秤にかけるバカ

物事の価値判断をできないのはマネジメントとして致命的

人はどうして、ハラスメントをせずにいられないのでしょうか? 組織の中で皆がまとまるというのは、それほどに難しいことなのでしょうか。

結論から申し上げると、「出世」や「年齢差」等のギャップがある場合には、難しいと言えるでしょう。

何故か? それは**「ハラスメントは人間の本能に基づいて行われるから」**と考えられます。

人間(動物全体にも言えることですが)には、他の個体と比べて優位性を求める本能が備わっています。動物などであれば体の大きさや力の強さ、羽の鮮やかさなどを競いますが、現代の我々日本人は「役職」や「資産」「年齢」などで、他の個体との優位性を測っています。上記のような項目で優位さがあれば、そのことを笠に着て優位性を示す。これが『ハラスメント』です。

「上司だから」「お金持ちだから」「先輩だから」無理を強いてもいい、馬鹿にしてもいい、偉そうにしてもいい。このような思考回路は本能的なものであり、自分を律さなければ多くの人に起こり得るものです。

ただし、皆さんもご存知の通り現代ではこのような態度はよろしくないと広く周知されています。会社にも迷惑がかかり、個人として失うものが多いことも、容易に想像がつきます。

それでもなお、歯止めがきかずやってしまうということは、言葉を選ばずに申せば、それは大変に「バカ」だということに他なりません。

ほんの一時的な、少し優位性を感じるという本能のために、自分の経歴やポジション、家族があるなら家族の生活、これからの将来など全てをガラガラポン、まるでおもちゃ箱をひっくり返すように全部投げ出してしまうわけですから。何のための理性なんだということです。

大切なことなのでもう一度言います。

ハラスメントによる一時の快楽と、家族の将来までが関わる自分の現在のポジション

を秤にかけるのは、「バカ」なのです。

盤石な立場なんて無い

大小はあれど全ての人がリスクと隣り合わせ

「絶対に大丈夫な立場」などというものがあるのでしょうか?或いは、殿上人や上級国民のような人たちの中には存在するのかもしれません。

しかし、**私たちのような一般国民である限りは、絶対に大丈夫な立場、追いやられないポジションというものは無い**と考えて良いでしょう。

管理職程度では簡単に降格させられますし、役員であっても管理職よりは守られると思いますが、盤石というには心もとない。

社長や会長であっても、社内から追いやられるケースは稀でしょうが、マスコミや株主からの外圧によってポジションを降りざるを得ないケースは多々あります。

この本をお読みいただいている皆さんも、自分が替えのきかない人材、オンリーワンの人材などと決して思わないでください。オーナー社長を除けば、替えのきかない人材など一人もいません（オーナー社長は交替権限を持つ人が本人の他にいないため対象外）。
どんな特殊技能を持っていて、誰よりも大きな売り上げをもたらしていたとしてもです。

会社というのは、外圧に脆いものです。消費者の意見、または消費者の意見を反映したマスコミには、強く出られません。まずは会社を守るべき、とオーナー（株主）が判断した場合、首のすげ替えはいとも簡単に行われます。

実力のある人材を失う場合には、会社は大きな痛手を伴うことでしょう。しかし、会社の存亡と天秤にかけることは決して無いと断言できます。

例えば、大きなハラスメント事件の当事者が大変に実力がある人材だとして、この人材のクビを切らなければ、会社が長期的にダメージを受けると判断すれば、オーナーとしては即断即決です。切った人材のポジションには新しい人材を雇用すればいい。多少物足りないとしても、いつ暴発するか分からない会社のリスクを抱えているよりはマシなわけですから。

一般的に替えが利かないと言われている人材であってもこのようなわけですから、ただの管理職や役員では言わずもがな。**スペアなんていくらでもいます**。ましてやハラスメントトラブルを起こすような人材では、取って代わりたいと思っている同僚は一人や二人ではないことでしょう。

もし、今この本を手に取っていただいている方がハラスメントをしている自覚があるようでしたら、すぐにでも反省してやめたほうがいいですよ。ひとたびハラスメントトラブルが起これば、今のポジションを失って、会社に残ることすらも難しいかもしれません。

ハラスメントを続けるのであれば相当の覚悟を持っておいたほうが良いでしょう。

SNSは弱者の味方

全員の手の中に【発信】と【拡散】のツールがある

昔から「悪い噂はすぐ広まる」「人の口に戸は立てられぬ」などと言いますが、美談よりも噂話や悪口のほうが、話題に上げやすいというのは事実です。

実に千年前、中国宋時代にも「悪事千里を走る」という言葉が残っているほど、昔から現代に至るまで人々というのは悪い噂、悪口が好きなのでしょう。

昔はこういったネガティブな情報や話は、個々人間でコソコソとやり取りがされていたものですが、現代にはSNSというツールがあります。正に「ソーシャル・ネットワーキング・サービス（社会的ネットワークサービス）」。このネットワークに乗っかって、悪い話は広まる広まる。際限がありません。

そしてこのSNS、弱者の味方であるというのも特徴的です。ここでいう弱者とは「組織」や「権力者」に相対する「個人」や「非権力者」のことです。組織や権力者に対して表立って表明できない意見も、SNS上であれば数タップで手軽、簡単にできます。

そうすると同じように感じていた、または意見に共感した遠くの誰かが「いいね！」やリツイートなどでつないでいく。それを受け取った誰かが、自分の意見や愚痴や悪口を乗せて、また繋ぐ。ボタンをタップ1回、クリックひとつ、極めて単純な作業で、拡散できます。

SNSは基本的に個人が主体となって使うツールなので、組織の規模が数として反映されません。組織で1アカウント、個人も1アカウント。例え一万人の組織が表明した意見も、個人が表明した意見も、数としては同じ一つです。個人のアカウントがたくさん集まれば、組織や権力者への対抗勢力にもなり得ます。

そして、ハラスメントトラブルが会社で起こった場合に、このSNSほど拡散に適したツールー伝達手段はこれまでの歴史上でも無かったことでしょう。

「ネガティブな情報である」

「加害者は組織側の立場である」

「多くの人が似たような境遇であり、共感できる内容である」

こうなればSNSが食いつかない手はありません。被害者の立場が容易に想像でき、それに対して意見も思いつきやすく、そもそも人は悪い噂が大好きです。あることないことの尾ひれもくっつきながら、会社(及び加害者個人)の悪い評判はねずみ算的に人々の目に触れることになるでしょう。もはや、止める手立てはありません。

もちろん、法的なことを厳密に言えば内部情報の流出は違法となるケースがあります。しかし、現実としては内部の情報も漏れ伝わるものです。正に、冒頭の「人の口に戸は立てられぬ」です。

このように、SNSというツールがある現代は情報共有や自己表現の面でとても便利な一方、**企業のリスク管理という観点からは大変に難しい状況**と言えるのです。それは今後も変わることなく、寧ろ更にリスキーとなっていくでしょう。

『パワハラ』という言葉だけで済まされない
ただの暴力。暴行罪。傷害罪。
攻めの防衛策、
ハラスメントリテラシー
教育。
言葉でごまかしてはいけない。
労働トラブル相談士が
集中
解説
ハラスメントリテラシーの
欠如が会社を傾ける。
令和はそんな時代です。
Capable
Human
Resource
Educational
Association
クレア人財育英協会

#ハラスメント　が会社を潰す。令和はそんな時代です。

従業員は　会社の　上司の　所有物でも何でもない。

自分の物でもないのに

傷つける権利なんてありませんよね？

だから、それは罪です。　法的にも罪です。

#パワハラ　や　**#いじめ**　なんて言葉で

ごまかされてはいけません

第四章
ハラスメントを撒き散らすな！

【あなた】と【わたし】は他人

『権利』というのは大事な考え方の基準

【あなた】は【わたし】ですか？

違いますよね。【わたし】も、【あなた】ではありません。当たり前のことです。違う両親から生まれ、長い時間をかけて育ててもらい、一人で歩けるようになりました。価値観も違うし、考え方や受け止め方、得意や不得意も違います。もちろん年齢も。私達全員がバラバラです。

しかし、**ハラスメントをする人たちは、他人の価値観や権利が自分の支配下にあると考える傾向**があります。

隣の部下のデスクにお弁当が置いてあるとします。勝手に食べますか？食べませんよね。それは何故か？

言うまでもなく、自分のものではないからです。自分にはそのお弁当を食べる権利がないことを知っています。

では、隣の部下の身体の安全を侵す権利はあるでしょうか？お弁当のように目には見えないし、数値を測ることもできないものです。

それでもやはり、私たちにそのような権利はありません。部下の身体は私たちのものでは無いからです。時間や尊厳も同様です。

しかしながら、ハラスメントを日常的に行う人々は、そのような考え方ができません。自分の権限が相手の全てを上回っているかのように振る舞います。自分自身を思いのままに動かすように、他人を思い通りにできると考えています。

私たちの多くは、他人の権利は自分のものではないと常識的に考えています。しかし冒頭で述べたように、人の価値観や考え方はバラバラです。残念ながら、一部の人には他人の権利も自分のものと考える思考があることは否定できません。

全ての人が自分と同じ感覚だと当然に思っていると、ギャップが生まれて逆ハラスメントとなる可能性すらあります。それではマネジメントになりません。

様々な見方、価値観、思考を持つ人々がいることを知り、その前提を持ってハラスメント対策を考える必要があるのです。

部下は上司の、従業員は会社の所有物ではない

管理＝所有ではない

ハラスメントの多くのケースでは、**「お金を払えばすべてを支配下に置ける」**との考えが根底にあります。

家庭内でのモラルハラスメントにおける「誰の金で生活できていると思ってるんだ」「誰に学校通わせてもらってる」や、カスタマーハラスメントにおいての「客を何だと思ってるんだ」などは、そのことを如実に表している発言でしょう。

会社におけるハラスメントでも同様で、**「給料を払ってやっている」という上位意識**が根底に存在します。

確かに、会社は従業員に給料という形でお金を供給しています。その管理をしているのが、管理者たる上司です。ですから、上司は部下を自分の所有物のように考え、部下

にハラスメント行為を振る舞う、という構図が出来上がります。

ハラスメントトラブルを起こす会社自体も、従業員に対しても同じように考えます。従業員は替えがきく部品、無茶を強いて動く間は動かして、動かなくなったら新しい部品と取り替えれば良いという考えです。壊れるまで使う、役目を果たせる限り使う。役目を果たせなくなったら、または役目を終えたらオサラバ。従業員は消耗品でしかなく、組織の一部として欠かせないなどと考えてはいません。

悪質なブラック企業に至っては、従業員が長年いることで雇用維持コスト(給与や社会保険等)が増加したり、知恵がつく(会社の都合がいいように扱いにくくなる)のを嫌って、わざと従業員が「壊れる」動きをする会社さえあります。多くの場合は、そのような事態になる前に従業員本人が判断して退職しますし、壊れなければ壊れないで環境適応ができる従業員として、ブラック企業にとっては使い勝手が良いわけです。

そのような会社は大抵、年中求人広告を出していますね。一つの判断指標にはなりますので、参考になさってください。

会社の考え方は従業員への姿勢に如実に表れる

今更言うまでもなく、従業員は会社の所有物ではありません。従業員の身体の自由、精神の安全に対して、会社は無配慮でいることはできません。これらに問題がある場合には、会社は予防措置を講じる必要があります。

もしも、**ハラスメントの予防措置を講じていない会社であれば、その会社はあなたを「消耗品」「奴隷」と見ています**。あなたの心身を脅かすことに躊躇がありません。

『命あっての物種』です。手遅れになる前に抜け出すか、その場に留まるか、自身できちんと判断なさってください。

命＞命令

手軽な言葉のせいで行為の罪が軽くなってしまっている

大変残念なことに、『いじめ』というハラスメント行為によって、被害者が自ら命を絶つケースが多々あります。ニュースとなって我々の目に触れているものもあれば、ニュースにすらならず誰にも気づかれずに閉じられた命もあることでしょう。

前述をしましたが、『ハラスメント』はただの言葉です。ハラスメントの多くは、犯罪行為に他なりません。ましてや、被害者の命を奪うほど追い詰めるハラスメント行為は言わずもがなです。

『パワハラ』『セクハラ』といった言葉が、『いじめ』と同様に犯罪行為である印象を弱めている、矮小化していることが原因なのですが、加害者も含め私たちの社会がそれを受認してしまっている。この状況自体を変えることは一朝一夕にできることではありません。

特に、会社での業務命令に絡んだハラスメントは、その評価が難しくなります。加害者にとっては業務の延長上にあると捉え、被害者側にも業務上の落ち度があると考えられるパターンは少なくありません。

筆者は大学生の頃に近所のスーパーの青果売場でアルバイトをしていましたが、そこはパワハラの宝庫でした。一例ですが、ヒラの社員Aさん（入社して二年程度の社員さんで、私たちアルバイトと一番距離が近かった）が発注ミスをした際に、青果部門チーフ（会社のお偉いさんの息子だったそうです）が、社員Aさんを冷蔵倉庫に連れていって、腹を度々蹴っていました。チーフが冷蔵倉庫から出てきた後に、Aさんがボロボロになって続いて出てくる姿を覚えています。ことあるごとにそのようだったので、主婦のパートの人たちから店長にクレームが届いて多少状況は改善されましたが、学生心に「社会人って大変なんだな」と思っていました。

このケースは悪質なパワハラではありますが、その原因はAさんの発注ミスにあります。そのため、加害者である青果部門チーフはパワハラではなく業務指導との一環であると考えます。

また被害者であるAさんも、受けている業務指導が過剰であると感じつつも、自分のミスが発端となっているため、パワハラ被害を受けたと強く主張しにくいところなのです。

自身で第一に守るべきものを見誤るな

ただし、現在進行形で激烈なハラスメントを受けている被害者の方に知っておいていただきたい。

『命＞命令』だということを。

命が無くなってしまえば命令もヘッタクレもありません。

働き方は一つではないし、職場も一箇所ではない。今いる場所が最高でもなければ、次に行く場所が最低でもないのです。

心理学において、**『学習性無力感』**と呼ばれる現象があります。

長期にわたって回避困難なストレス環境に置かれると、その環境から逃れる努力すら行わないようになる、というものです。

そのようなことになる前に、敬意を払えない命令など反故にしてしまって結構です。**上司なんて、所詮会社という小さな箱の中だけの存在なのですから。**箱の外は広い。ちゃんと自分の目を開いて、世界を見てください。その場を離れる手段はいくらでもあります。

令和は会社を恐怖で支配できない

「抑えつける」の発想は昭和スタイル

昭和のアナログな時代とは違い、**令和の現代では個人一人一人が発信するメディアを持ち合わせています。**思いついたら即、被害を受けたら即、話題になると思ったら即、発信することができます。為政者にとっては何とも恐ろしい環境ですね。

昭和の時代であれば、誰かに伝えたいネガティブな情報は家族、恋人、友人程度の極めて身内までしか広まらず、これ以上は報道や裁判などの公器に頼らざるを得ませんでした。大手企業などによる大規模なハラスメントであれば話題性が大きいため、報道をきっかけに大々的に広まることもありましたが、大抵のハラスメント被害では事実上泣き寝入りせざるを得ませんでした。

そうであれば大手企業はマスコミ対策さえ行なっていれば安心。マスコミを広告漬けにし、ネガティブ情報の露出を抑え込むことも可能でした。

裁判については、個人で大企業に立ち向かうのは大変に難しいものです。金をかけた優秀な弁護団。上層部からの圧力で集まらない内部からの情報。この状況で裁判で被害を明らかにして、裁判所に認めさせるというのは、ほぼ無理ゲー（クリアするのが困難なゲーム）と言ってもいいでしょう。

そのため、昭和の時代はハラスメントが蔓延していました。誰もがハラスメントなどという認識すらなかったと言って良いでしょう。おおらかで自由があった時代でもあり、一方で節操が無く、組織の中で声を上げる自由も無かった、逃げ道の少ない息苦しい時代でもありました。

令和の現代は違います。SNSを立ち上げたら指先の2、3アクションで極めて手軽に発信されたネガティブ情報は、身内知り合いのみならず赤の他人まで巻き込みながら、言語を選ばなければ日本国内に収まらず海外にまで、一日と言わずほんのわずかな時間で広まります。もちろん抑え込みも利きません。

昭和に比べてグローバル経済化している現代ですから、海外へのネガティブ情報の拡散は業績及び企業イメージに大きなダメージを与えます。それは、日本国内の比ではないでしょう。令和の会社は、それらのリスクを常に抱えていることを認識するべきです。

令和は個々人が武器を携えている時代

「ペンは剣より強し」などと言いますが、現代は『SNSは会社の圧力より強し』です。

いかに会社が人事権を圧力材料にしてハラスメントトラブルをもみ消そうとしたところで、被害者本人もしくはその話を聞いた第三者がSNSで発信してしまえば、会社にできることはありません。想定よりも炎上しないことを祈るのみです。

前述していますが、法的な観点で見ればSNSでの内部発信には、問題があるケースも散見されます。ただの誹謗中傷であればもってのほかです。

しかし、現実は皆さんもご存知の通り。「人の口に戸は立てられない」と言われるように、社内イジメや社長パワハラなどの事実はどこからか漏れ伝わり、SNS上に乗っかって日々拡散しています。そして拡散情報の内容に誤りがなければ「内部情報の拡散は違法」と言ったところで炎上、一旦否定をして後に認めても炎上、素直に事実を認めてもやはり炎上します。

現代ではもはや従業員に対する恐怖での情報隠し、抑え込みは通用しません。

経営者の方は、このことをよくよくお忘れなきよう。

ハラスメントをする人は客観的視点が欠けている

「カッコ良い・カッコ悪い」の価値観だけで大抵は答えが出る

ハラスメント行為について、いろいろな考察を述べてきましたが、もっと単純で、わかりやすいことがあります。

『**ハラスメントってカッコ悪い**』、これです。

筆者は、公道を大きな音を立てて信号無視など周りに迷惑をかけながら暴走行為をする輩を**「珍走団」**と呼ぶことにしています。最初はテレビか何かで聞いたのですが、なるほど見事なネーミングだなと思いました。「暴走族」とか「走り屋」とか呼ぶから、憧れて後に続く人間が出てくるのであって、「珍走団」なら誰も参加したいと思いません。ネーミングに間違いはない、だって珍走をしている団体なのだから。

珍走団がやっていることは、道路交通法等の違反であることは間違いないですが、法的な話以前に「珍走」自体がカッコ悪い。そう感じる人が増えてきたので、若い人たちが加入したがらずに、昨今では珍走団の高齢化が話題になっています。

この例からもお分かりのように、「カッコ良い・カッコ悪い」というのは大切な価値観です。マジョリティの本質を突いている場合が多い。実力のあるはぐれ者・一匹狼は時にはカッコ良いですが、大抵はただのならず者に過ぎません。

自分の姿をムービーで撮られているとしたらの視点

例えばパワハラをする上司を見た時に、「真に実力がある人からの実のある指導だ」と思うでしょうか？　思いませんよね。多くの人は「会社から与えられた権力を笠に着て、横暴に振る舞うイヤなヤツ」と感じることでしょう。転じて「カッコ悪い」となります。

セクハラをする上司はどうでしょうか。「男女で壁を作らず、フラット関係でボディタッチもできるスマートな上司だ」と思いますか？　いやいや、「距離感のわからないエロ上司」と思いますよね。やはり転じて「カッコ悪い」となります。

ハラスメントというのは、やっている本人以外から見るとひたすらにカッコ悪いんです。頭で考えずとも、理屈抜きの嫌悪です。

それが分からないということは、自分自身の今の姿を客観視できていないということ。**ハラスメント行為をしている姿を自分で客観視できるのであれば、周りの目が気になってパワハラやセクハラなんてとてもできません。**スマホで写真やムービーなど撮られたら、人生オジャンのリスクなわけですから。

それも想像できない時点で客観的視点の欠如、想像力の欠如は決定的です。

ただ、こればかりはこの本を読んで改善されるものではないのかもしれません。今この本をお手に取って頂いている皆さんは、周りから「カッコ悪い」と思われることのないよう、気をつけてください。

ハラスメントは中毒

ハラスメントはアンストッパブル

客観的視点があればハラスメント行為はカッコ悪いことがわかるはず、という話はしました。

しかし、残念ながら実際にはそのような視点を持たない人が一定数います。

そして前述（※「一時の優越と自分のポジションを秤にかけるバカ」を参照）の通り、ハラスメント行為自体は我々の本能に基づいた行動と考えられます。結果として、好むと好まざるとにかかわらず、複数の人々がいる場ではハラスメントは誰にでも起こり得ると言って差し支えないでしょう。

本能的なものということは、放っておけば際限なく何度でも繰り返してしまうということです。「やりたいこと・やってしまうこと」を抑止力が無いまま放置するという事ですから、アンストッパブルとなって当たり前、さらに強い刺激を求めてエスカレートしていくのが当然の流れです。

誰にも身近で驚くほどの中毒性

何かに似ていると思いませんか？　そう、これは『**違法薬物への依存**』とそっくりです。最初は「ちょっと疲れたから、依存になりそうだったらすぐに止めればいいし」といった軽い気持ちで始めてしまった違法薬物、最終的に依存症となってしまって人生を棄てることになったという話は数多あります。違法薬物は、敢えて依存症を引き起こすように作られているためです。

脳科学上ではハラスメントを行うことによって、幸福感を司る脳内物質『ドーパミン』の分泌が活性化されると指摘されています。「幸せホルモン」と言われるものですね。ハラスメントを行うという行動自体は、違法薬物の様に無理やりドーパミンを分泌させるようなメカニズムではないので、違法薬物程の中毒性は無いと言えます。

しかし、**人間の本能に基づいているのであれば、わざわざ入手手段を調べて実行しなければならない違法薬物よりも余程身近であり、誰もが加害者となり得るリスクが高い**と言えるのではないでしょうか。

ウイルスに例えれば、違法薬物は【エボラ出血熱】で、ハラスメントは【インフルエンザ】です。

エボラ出血熱は被害が強力ですが、空気感染はせず限定的であり拡散は少ない。違法薬物も、積極的に広めようとする勢力があるのは確かですが、限度はあって拡大は限定的です。

これに対してインフルエンザは、人体への被害はエボラ出血熱に比べて軽微ですが、空気感染をして拡散力があるため、数ある症例の中には重篤になるケースがある。ハラスメントも同様で、多くのケースは被害が軽微で済みますが、中には被害者の心身に重大な被害を及ぼすケースが散見されます。

つまり、「違法薬物の方が局地的には被害が大きい」が、「ハラスメントの方が身近で被害の裾野は大きく、そのぶん数として重大なケースが増える」と言えるでしょう。

しかも違法薬物と同様に、病的では無いまでもハラスメントにも中毒性はある。「他人の不幸は蜜の味」とは良く言ったものです。

私たちは、**抑止力がなければハラスメントの加害者となり得る十分な素地がある、ということを自覚した上で、個人として自分自身を律し、また組織としてはルール作りをしなければならない**のです。

環境自体を変えなければ、カビは何度でも生えてくる

環境がハラスメントを産出する

「カビ」はお好きですか？　あの湿気が多い時期などに、風呂場やらパンやらに出現するアイツです。

好きなわけないですよね。私もそうです。ブルーチーズなどに付く可食のカビを除けばノーサンキューです。

カビの原因は、カビが放出した胞子です。胞子は肉眼では見えませんが実は空気中のどこにでもいて、繁殖しやすい場所にくっつき、気温や湿度などの条件が整えばどんどん繁殖していきます。そうして十分に繁殖したものが、私たちが目にするカビの生えた状態です。

カビは放っておくと健康被害にもつながります。感染症やアレルギー症状などを引き

起こし、最悪死に至ることもあります。

職場でのハラスメントは、壁に生えるカビと同じです。

まずカビのリスクである胞子が、どこにでも漂っているということ。ハラスメントのリスクも、年代や性別の異なる複数の人々が働いている職場では、そこかしこに散らばっていてどこで始まっても不思議ではありません。

そして、じめじめと湿気の多い建物にはカビが生えやすい。カビが生える環境下では、カビ取りをしても次から次へと広がっていきます。この環境を変えるには、風通しを良くする、換気を良くするしかありません。

職場のハラスメントも同様です。**ハラスメントが起こる職場は、職場自体がそのような環境だからです。**

ハラスメントの加害者も、被害者も、及び周りの社員もハラスメント自体に慣れてしまって違和感を感じていないため、ひとつのハラスメントが終了（被害者の退職など）しても次のハラスメントが生まれます。

ハラスメントが起きない職場とは、ハラスメント行為に違和感を感じられる職場です。

平たく言えばハラスメントを行うと『白い目で見られる』。ハラスメントを行う人間に異物感を持つ職場では、ハラスメントは起こりにくい。職場の社員全体でハラスメントに対する感受性を育て、「ハラスメントは会社のため、仕事のため、自分のためにならない」という共通認識を持つことで、ハラスメントが自然発生しにくい環境が作られるのです。

会社文化が毒薬

会社文化は資産であり負債でもある

会社での文化や雰囲気というのは、誰が意図した訳でもなく、しかし不思議に脈々と受け継がれていくものです。

先輩から引き継いだ業務内容、遂行方法、社内での振る舞い、後輩への接し方を、数年にわたって吸収し、自分の後輩にもそれを引き継いでいく。

それを長年の間に繰り返していくことで無駄が削ぎ落とされ、社内での活動がスムーズになるというメリットがあります。

一方で、デメリットもたくさんあります。

明らかに不要なのに省略されずに残っている付随業務。それに伴う人員配置。硬直化した決済判断。権力の集中化等々。

組織として波風を立てないように『**会社文化**』と呼ぶべきシステムを作ってきた結果、アップデートという波風も立てることができなくなっている組織が多々あります。

現実には、会社という生き物は業務や商材、サービスはもちろんのこと、社内の価値観や組織の構成、人事考課なども常々アップデートしていかなければなりません。

それをやらなかったからといって、すぐに会社が潰れるというわけではありませんが、現代のトレンドを基準にして見た時に見劣りする、魅力が無い会社だと市場から判断されます。

そうすると業績も退行し、優秀な人材の採用も難しくなり、新しい価値を構築する事もできずにジリ貧、会社はいずれ突然に立ち行かなくなります。

このように会社文化は諸刃の剣であり、アイデンティティの継承といった側面があると同時に**毒薬**ともなり得るのです。

駅伝のタスキのように受け継がれるハラスメント環境

これまでにも述べてきた通り、ハラスメントもまた環境の影響を受けて発生します。加害者個人の資質もさることながら、ハラスメントは環境、土壌に基づいて行われることが非常に多く、負の会社文化として引き継がれて行きます。

「我が社はずっとこのやり方でやってきた」→「このやり方でずっとやってきたのだから、これからもこのやり方で問題ない」という思考が働いています。

しかし実際には、以前は問題視されずお咎め無しだった行為であっても、現代の視点で見ればハラスメント行為と捉えられるものが多々あります。

ずっと内部にいる人間はすでに環境に慣れきった「茹でガエル」ですが、新たに外部から入ってくる新卒社員、転職社員、非正規雇用従業員にとっては違和感、時代錯誤の連続であり、ハラスメントフルな職場環境でしょう。

「失礼な。うちの会社は昔からあるがそんなことはない、考え方もアップデートしているし現代的に合わせてやっている」とおっしゃる社長さんもいらっしゃると思います。

しかし総じて、その基準自体が緩い。この程度までは大丈夫、ここからがハラスメント行為、という判断のハードルが現代基準よりも低いのです。

または、社長さん本人としては改善を促しているつもりではあるが、職場全体として意識がついて行っていないというパターンもあります。**『笛吹けども踊らず』**です。

いずれのパターンでも、結果的にハラスメントは起こります。

誰かのハラスメント行為を見ていた人間、またはその被害を受けていた人間が、別の誰かにも同様のハラスメント行為を行う。自分は最初の加害者では無く、社内でハラスメント行為が咎められたことも無いため、そのハラスメント行為は**正当化**される。正当化された行為は、誰もそれを止める根拠がありません。こうして、この職場ではハラスメントがハラスメントで無くなっていきます。

ハラスメントが、ハラスメントを産む。

これが負の会社文化であり、会社を蝕んで行き、**いずれ会社自体を殺す**ことでしょう。

『現役』には限界がある

私たちは自分で思っている以上に「失っている」

年金の支給開始年齢後ろ倒しの話題と併せて、「生涯現役」などともてはやされることが多い昨今ですが、一部の特殊な職種を除けば**「現役」と呼べる期間には限界があります。**

「現役感」は日ごろの鍛錬や努力によって維持することはできます。しかし、あくまで「現役感」であり、残念ながら現役として本当にフルで通用するものでは無く代替品に過ぎません。

人間の成長はグラデーションです。全てが最高という時はなく、年代によって一番のアドバンテージポイントというものがあります。

二十代〜三十代前半の若い頃には

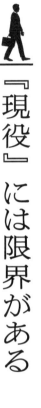

●体力
●気力
●吸収力
●柔軟性
●勢い

などが充実しています。体力的な無理も多少はできて、勢いで仕事を進められます。見たもの聞いたものをどんどん吸収して、ものすごいスピードで成長していくでしょう。

一方で、絶対的に知識と経験が欠如しています。そのために、確度の高い判断ができない。

また勢いに任せすぎ、周りが見えないということもウィークポイントです。多くの仕事は組織行動。一人で動いているわけでもなければ、成果を上げているわけでもありません。

このような点が、若さのメリットとデメリットです。これらのポイントをより高い点でバランスさせられる人材が、若くして優秀な人材ということです。

三十代後半〜四十代の中年期になると、体力や勢いは多少翳りが見えてきますが、気力はまだ十分。そこに知識や経験が加わって「全力でなくても上手に仕事をこなす」ことができるようになります。

そうすると、高いレベルの成果を同時進行で生むことができる。これが中年期の一番の強みです。

またこの頃には、後輩人材を育成するという大切な仕事もあります。会社の継続性を考えた時には、最もプライオリティの高い仕事かもしれません。

一方で、自分の仕事に自信が出てくることにより他者を軽んずる、つまりハラスメントの芽が出てくるのもこの年代の特徴でしょう。

即戦力として確実に成果をもたらしつつ、人を上手に育てることができるのが、この世代での優秀な人材といえます。

五十代以上の壮年期は、体力も気力も薄れてきます。物事の考え方は硬直化して柔軟性が無くなります。新しいチャレンジには慎重になり、これまでの成功体験で業務をこなしていこうと考えます。

これは何も特別なことではありません。傾向を見て考えれば、私自身も含めて皆がそうなるのです。能力自体が衰えることには、誰も抗うことはできません。

一方で、長年の間に築き上げた経験・人脈は、会社に対しても大きな価値をもたらします。若い世代には決してできない芸当です。

また、変化の必要がないルーティン業務については、その重ねに重ねた経験や知見が大いにものを言うでしょう。これもまた、体力や勢いだけで何とかできるものではありません。

このように、それぞれの年代で私たちは輝くもの（歳を取ると『味』などと表現されます）があります。

それと同時に、それぞれの年代で足りないもの、歳をとることで失われていくものもまた、確実にあります。

能力の入れ替わりを受け入れる

勢いや気力は『鎧』です。ドラクエやゼルダなどのRPG（ロールプレイングゲーム）でご存知、あの鎧です。

若いうちには体力もあり、多くの頑丈な鎧を重ね着できるでしょう。いくら攻撃されても、滅多なことではへこたれませんから、正面から敵にぶつかっていきます。切られ

ても叩かれても お構いなしです。

いずれ歳を取ると戦い方を覚えます。こうならば効果的ではないか。こうならば手数が少なくて済む。経験に基づいてそのような考察を行います。相手の攻撃のかわし方も覚え、多少体力が衰えても鎧を軽くすることで対応していきます。

壮年になれば戦わないことを覚えます。戦わずして成果を得ることが可能になり、その頃にはもはや鎧も武器も大して必要ありません。知恵と経験で勝つのです。

そして**体力や気力、柔軟性を失って、鎧を脱がないと進めなくなった部分。それがその人の『現役』の限界**です。

体力を失えば、体力勝負の力仕事や徹夜仕事などはできなくなるでしょう。気力が無くなれば、長期のプロジェクトなどは担えなくなります。柔軟性がなければ、クリエイティブな発想はできなくなります。それはその人のその仕事、能力の『限界』です。

『現役』の限界は、何も一斉にやってくるわけではありません。部分部分で限界がやってくる。限界が来た部分はその他の能力で補っていけば良いのです。

スポーツ選手が体力の限界で引退をしたとしても、監督やコーチなど後進指導にスライドしますよね。能力の置き換わりが起こったということです。人によっては、そちらのほうでより高い能力が発揮されるケースも多々あります。

もはや現役でない分野で自我を通そうとすれば、周りとの軋轢が増えて迷惑がかかります。時には、それはパワハラという形で出現することもあるでしょう。

自分は現役の人材として仕事をできているのか。発言をできているのか。この視点を持ち、**自身が現役かどうかを客観的に見極め、【謙虚】と【自信】の両方を使いこなす**ことができなければ、ただのパワハラ老害と見られてしまいます。それは寂しいことです。

時代が変わることを読み取るのもマネジメント

時代の変化を他人事にするな

以前であれば「コミュニケーション」や「スキンシップ」、または「かわいがり」や「愛情表現の一種」などという言葉で誤魔化されていた行為も、現在では『ハラスメント』として取り扱われ、その行為者は処断されるようになりました。

そうすると、「同じ行為なのに、以前だったら許されて現在は許されないというのはおかしい」という声が聞こえてきます。

心情的には理解できます。「自分は何も変わっていない、周りが変わったことによる犠牲者なだけだ」ということですよね。

しかし残念なことに、否が応でも**私たちが生きているこの社会、世界は日々変化していきます。**

例えば、伝達手段を見てみましょう。遠方の人とコミュニケーションを行う手段が手紙しかなかった時代から、電話が生まれ、個々人が携帯電話を持つようになり、現在では片手に収まるスマホで大半の情報伝達、情報入手が可能になりました。

移動手段だってそうでしょう。徒歩や馬だけだったものが、自転車が作られ、自動車が作られ、ハイブリッドカーが生まれたと思えば次は電気自動車の時代となり、これからは内燃エンジンさえ許されなくなります。

このように世の中が変化していく中で、私たちの生活や感覚、価値観だけが変化しないということはやはり許されないというのが当然の帰結でしょう。

以前は当然視されていた、相対的に女性の地位が低いというおかしな価値観も徐々に是正され、24時間働くことを求められたモーレツサラリーマン＝社畜扱いは企業バッシングの対象となりました。

新たな価値観は、次から次へとやってきます。

世の中が変化していく中で、自分だけが変わらないということは、世の中に置いていかれているということに他なりません。

マネジメント側だからこそ「素直」と「謙虚」が必要

「オレは時代や世の中、周りに流されたりしない」などと言うのも時にはカッコイイですが、マネジメントする立場としてはそれでは困ります。

マネジメントも、その時代ごとに正しいアプローチがあります。完全に上から押さえつけるマネジメントが正しかった時代もあったでしょう。解雇や減給をちらつかせ、馬車馬のように働かせるアプローチがやり手とされた時代があったことも否めません。

しかし現代では、いずれも間違いです。これからマネジメントを始める人はもちろんのこと、前述のような現代に合わないマネジメントを行ってきた人も、「これまでのマネジメントのやり方は現代の基準に照らして見れば誤りである」ことをしっかりと認識し、そのアプローチを改める必要があります。

かつて間違ったこと自体は仕方がない。時代の流れや社会の大きな価値観というものもあるでしょう。

マネジメントにおいて大切なことは、**常に価値観をアップデートし、過ちがあればそれを素直に認め、矯正すべきものがあれば矯正する、**という謙虚な姿勢なのです。

『押しが強さ』という誤り

「押し」はハラスメントのメインファクター

「押しが強さ」だと思い込んでいる人たちがいます。高度経済成長からバブル期までの、景気が良い時代を過ごしてきた世代に多い。時代のおかげで全てが勝手に上手くいっていたので、イケイケの押しが成功の秘訣だとでも勘違いしているのでしょう。

さて、実際には周りの評価はどうでしょうか？　押しが強いことで自分は仕事ができると思い込んでいる中高年の上司があなたの身近にもいませんか？　一緒に仕事をしていてどう感じてらっしゃいますか？

強引で人の話を聞かなくて、周りを振り回す割には自分では動かない、使えない人だなと思っていませんか？

その印象、大体合っています。あなただけでなく、他の同僚も大抵はそのように感じていることでしょう。

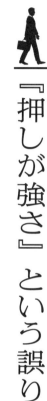

そしてこのような人物が、ハラスメントの原因となるのです。

「押しの強さが価値」という場面は確かにある

押しが強さとなる場面は確かにあります。

例えば国の外交。外交では脅しと交渉の硬軟を織り交ぜながら、自国の立場を有利にしていく必要があります。それに失敗すれば、時に国益を逸し、時に戦争に向かいます。そのような場面では押しは確かに武器のひとつです。

しかしそれでも、お互いの国の立場を尊重して、相手国の面子を限りなく守ることが暗黙のルールです。そうでなければ交渉はたちどころに拗《こじ》れてしまい、外交摩擦→戦争へ待った無しのためです。戦争になってしまえば自国も無傷ではいられません。戦争は相互に大きなリスクを伴いますから、最大限に細心の注意を払って避ける必要がありま す。そのための外交です。

また契約交渉の場面でも、押しが強さとなるケースがあります。契約も大概は売り買いの立場がありますので、買いの立場であれば押して有利な条件を引き出し、売りの立場としては上手に妥結点を見出す、落とし所を見つけるのが仕事です。

しかしこの場合も、買い手が有利な立場をバックにあまりに押しを強めて、売り手に負担を求めすぎてしまうと、独占禁止法などに抵触する可能性があります。押すことはあくまで交渉手段の一つのツールでしかありません。

場面で使い分けられない「押し」はいらない

さて、前述のあなたの周りの押しの強い人物はどうでしょうか？

話を聞かないから交渉にもならない。自分の有利な結果しか見ていないので妥結点が見つからない。一方で、国家の存亡のような大きな責任を伴っているわけでもない。

この程度の「押しの強い」人物に、わざわざ私たちが付き合う必要があるでしょうか？

その「押しの強さ」は、ただのウィークポイント隠しであり、責任逃れであり、美味しいところだけを掠め取ろうとする意地汚さの表れです。私たちは、それにバカ正直に付き合う必要はない。


令和現代の仕事において本当の強さとは、自分の周囲のこと、人々に配慮し、それぞ

れの事情・都合を包容しつつ、最終的な目的を果たしていくことです。周りの不都合を顧みず、独善的に突っ走ってハラスメントを撒き散らし、自分だけの結果を出すことではありません。

大きな角を立たせず、関わる人々の満足度を確保した上でしっかりと結果を残していく人が、本当に仕事ができる人なのです。

「怯えて暮らす」のススメ

現代では用心深く進むことが結局近くて正しい道だった

大事なことなのであえてインパクト強めな言葉をチョイスしましたが、**「怯えて」ということは、要は「用心深く」ということ**です。

例えば、明かりが点いていない真っ暗な部屋に入ったとします。まだ目が慣れていないので周りはよく見えません。その状態で、部屋の奥へズカズカと歩いて行くでしょうか？

まずは手探りで歩く先に障害物がないかを確認しながら、ゆっくりと進んでいくのではないですか？

真っ暗な部屋で走ったりすれば、たちどころに障害物にぶつかり、痛み、時に怪我をします。物の位置がずれたり破損することもあるでしょう。そのようなことがないように「用心深く」進むのです。

現代の私たちの環境に置き換えてみましょう。

明日のこと、来年のこと、将来のことは誰にも分かりません。当然のように、誰もが五里霧中です。次の展開がわからない不安の中で、私たちは皆生きています。

仕事だってそうです。いつ解雇になるかわからないし、会社だって明日倒産するかもしれない。吸収合併で、突然思いもよらずこれまでの立場が危うくなることだってあります。

仕事上の人間関係だって同じですね。同僚なんて所詮他人です。自分は仲が良いと思っていても、相手は不快な思いをしていたということが多々あります。気の置けない仲間同士だと思っていたのは自分だけ、実際には何一つ信用されていなかった、ということもあるでしょう。


現代は、たったひとつの人間関係のミスが許されない時代です。

上司だから、先輩だから、同僚だから、多少の甘えを許されて当然などという考えは通用しません。**ちょっとふざけただけ、ちょっといじっただけも、あなたのキャリアを揺るがしかねない問題に発展する可能性**があります。訴訟やニュースになれば、情報をマスコミやネットに乗って拡散され、再就職にも影響が出るケースも考えられるでしょう。ほんの出来心だけで済ませられる問題ではないのです。

このように不安定な間柄なのですから、人間関係も用心深くなければならないことを、肝に銘じておかなければなりません。**仕事は時に大胆に、時に慎重に。人間関係は「怯えて」事に当たることをお勧めします。**

『何もしない』のも
立派なハラスメント。
攻めの防衛策、
ハラスメント
リテラシー教育。
大人としての対応ができない人。
労働トラブル相談士が
集中
解説
ハラスメントリテラシーの
欠如が会社を傾ける。
令和はそんな時代です。
Capable
Human
Resource
Educational
Association
クレア人財育英協会

#ハラスメント が会社を潰す。令和はそんな時代です。

いい年して無視。大人なのに無視。

何がそんな気に入らないの？

器が小さいと思われてもいいのかな？

後輩を育てられないと評価されてもいいのかな？

こちらも困るんですけど

会社だって困りますよね？まったく。

第五章
令和は「ハラスメントとサヨナラ」の時代

会社を変えられるのは社長さんしかいない

「茹でガエルの理論」はカエルではなく人間のもの

会社という組織は「従業員の集まり、集団」です。

個性とそれぞれの都合がある人々が集まっているのですから、思い通りにいかなくて当たり前。予想がつかないことが起こり、そこには思いもよらないメリットもデメリットも生まれます。

たくさんの人たちが会社という組織の中で時間を過ごし、仕事を行い、人生を進めていく過程で、企業の文化や、そこまで行かずとも会社の雰囲気といったものが何となく出来上がってきます。

良くも悪くもその会社の文化や雰囲気に助けられ、甘え、もたれかかることで、時に良い結果を生み、時に悪い結果を招きます。

長い間をかけて醸成されてきた会社文化や雰囲気というのは、もはや簡単に変えられるものではありません。全従業員の足元で仕事の下敷きとなっているからです。

たとえそれが各種のハラスメントの温床であろうとも、従業員の誰もが手放したがらない。手放した時に得られる未知のメリットよりも、失った時に予測されるデメリットの方が明確でわかりやすいからです。

現状で良い思いをしている立場、安定している立場にとっては変化にメリットはありませんし、嫌な思いをしている立場としても今の状況に耐えさえすれば、これ以上悪くはならないとの心理が働きます。

組織論などで言われる**『茹でガエルの理論』**です。水にカエルを入れてゆっくりと熱していくと、熱湯化というストレスがかかる環境下でも我慢してしまい、いずれ茹でガエルになってしまう…という理論です。ちなみに、実際には熱湯化する過程でカエルの行動が活発化し、熱湯から飛び出してしまうそうです。あくまで寓話ということですね。

昨日までの会社を捨てる権限はトップだけの特権

さて話を戻しましょう。

時の経過と共に社会は変わっていきます。

会社の中が許容していても、社会が許容しない状況というものが確かに出てくる。その会社の文化や雰囲気が社会から許されないものになった時に、会社の損失は大きくなります。

それを防ぐためにはどうしたらよいのか？

会社全体での変化は【社長さん】の鶴の一声でしか起こり得ません。社長（＝経営者の意ですが、ここでは便宜上社長と表現します）の方針、号令だけが、全従業員に届く声なのです。役員や管理職がいくら数を集めて各々で発したところで、全体の意思としては統一されません。所詮はバラバラ、焼け石に水です。付け焼き刃で長年の企業文化を一刀両断することはできません。

しかし、社長さんの指示はまさに伝家の宝刀。昨日までの企業文化を、たった一日で雲散霧消させることも可能なのです。

実際には、あまりにドラスティックな変革は従業員の反発を招き、士気を低下させる可能性があります。ですからアプローチは慎重でなければなりませんが、**社長さんの役割として重要なことは「変える」という意志を決定すること**です。これは会社でたった一人、トップに立つ人にしかできないことです。

会社のトップは、日々多くの経営判断を求められます。その中で、どの選択が会社にとって一番良いのか。「現状」が良いのか、それとも「変化」が求められるのか。全ては社長さんの意思ひとつです。

会社全部で成長しよう

まずはトップからの号令

会社は、前述したように人の集まりです。組織です。今更言うまでもないことですね。つまり一人一人、全てがバラバラです。

価値観も、やる気も、忠誠心も、モラルも、体力も、能力も、才能も、アイディアも、人との関わり合い方も、自分自身が望むものも、誰一人として全てが誰かと同じということがありません。

しかし、会社としてはそんなバラバラな人々を同じ方向に進ませなければ成り立ちません。

会社の成長、社会的使命、安定化等々、会社が向かう方向というのは色々ありますが、社内における数多くのリーダー（管理職や役員など）がそれぞれに勝手な行動をしていては到底まとまることはできない。「船頭多くして船山に登る」で、失敗することは目に見えています。結果として、会社の効率的な成長が見込めなくなるでしょう。

会社の従業員は経営者の号令のもと、それぞれのポジション、役割において進むべき道を、各々のアプローチで進んで行きます。それは結果的に同じ方向のはずです。

そしてそのことは会社のマネジメントにおいても同様です。「このような行動は会社にとっても益にならず望ましくない」「このような行為はハラスメントと捉えられてよろしくない」といったことを、**広く会社全体で認識しておく必要があります。上層部・役員だけでも、管理職まででも足りません。**

いかに従業員全体で意識を統一させるか。モラルの管理を図るのか。それが重要になってきます。

とはいえもちろん、一人一人が個性を持つ集合体です。完全な意思統一、水も漏らさぬまとまりというのは不可能に近いことでしょう。

完全組織は不可能と知りながら完全組織を目指す

組織について、『**2：6：2の法則**』というものがあります。どのような組織でも、全体の2割の人間が意欲的に働き、6割が普通に働き、残りの2割が怠け者になる傾向があるという法則です。

働きアリでの実験は有名ですね。①良く働くアリが2割：②普通に働くアリが6割：③サボるアリが2割で、働きアリの集団は構成されています。このうち、③サボるアリ2割を集団から除きます。そうすると残り8割の精鋭たちが残り、100％の力を発揮するはずです。

しかし実験結果では、全て精鋭だったはずのアリの集団のうちの2割が新たにサボるアリとなり、結局は良く働くアリが2割：普通に働くアリが6割：サボるアリが2割になりました。つまり、組織はすべての点で完全な一丸とはならない、ということを示唆しています。

経営者は、リスクヘッジとして完全な組織には成り得ないという前提に立ちながらも、建前として完全な組織を目指さなければなりません。

人間が集団で行動して利害関係がある限り、必ずトラブルは起こります。リスクをゼロにすることはできません。

しかし、リスクをゼロに出来ないから、対策を何もやらないというのは大きな誤りです。流行病に罹るときは罹るのだから、手洗いもうがいもしない、マスクもせずに人混みに行って、他人と一つのジョッキで回し飲みをするようなものでしょう。

「対策・予防」でトラブルの総量を減らす

経営者がやるべきことはふたつ。

「ハラスメントトラブルを起こさないように対策・予防をする」
「ハラスメントトラブルが起こった時のための準備をする」

簡単に言うとこれだけです。

後者は、担当者と専門家の役割でしょう。漏れ溢れた水を拭く役目です。もちろん大変重要な役割ですが、対症療法に過ぎません。外部のサービスを利用する等で十分に目的は果たすことができます。

しかし、次から次へとトラブルが起こるようだと、対症療法も限界を迎えます。外部に頼んだとしても無駄なコストが増える一方です。

本当に重要なのは、前者の**「ハラスメントトラブルを起こさないように対策・予防をする」**ことです。漏れ溢れる水を可能な限り少なくする。そうすれば、対処もしやすく外部への影響も少なく済みます。

そのために必要なのが、従業員全体で意識を統一させる、モラルの管理を図ることの努力です。これはつまり、『会社全体で成長する』ということに他なりません。**一人だけ、一部の層だけが物知りになって、意識が高くなっても仕方が無いのです。**

可能な限り社内に広くハラスメントリテラシーの教育を行き渡らせて、会社全体のリテラシーを成長させること。それが経営者にできる最大のハラスメントトラブル対策なのです。

変化は一日にして成らず

企業文化は組織の価値観

他のご家庭に行った際に、その家の「におい」が気になる事ってありませんか？私はあります。我が家にも私が気がついていないだけで、きっとそのような独特のにおいがあるのでしょう。

その家で暮らす人々が作った食事のにおい、職場から持ち帰るにおい、洗濯の際の柔軟剤や使っているシャンプーやボディソープ、そもそもの体臭などなど、複雑な組み合わせから出来上がった、各家庭での千差万別なにおいです。一日や二日ではなく、何年もかけて複雑に醸成されたものなのでしょう。

企業文化も同様に、一日や二日はもちろん、一年や二年で出来上がるものではありません。何年もかけて、管理職が代替わりをし、かつて新卒で入った社員が役員になり、毎年まっさらな新入社員が職場の空気を吸収して、数年後にそれを後輩に伝えていく、というサイクルを繰り返すことで、初めて企業文化というものが醸成されていきます。

企業文化というのは、今日このルールが決まったから今後は我社の文化としましょう、といったようなものではありません。ルールが会社の中で長年生き続けて、そのルールを吸収した社員が次の社員へ引き継いでいくことで、習慣として、または全従業員の社員意識や価値観として、当然そこにあるものです。

そのような会社の社員は、仕事上の物の考え方のベースに企業文化での価値観が必ずあります。

このように記述すると、企業文化というのはとても頼りがいがあって、長年続いている会社にだけ存在する良質なワインのようなものと受け取られるかもしれません。もちろんそういった側面もありますし、大半の会社ではきっとそうなのでしょう。

どこかで思い切らなければならない

しかし一方、**【負の企業文化】**というのも確かにあります。

「社内で暴力や暴言が蔓延している」

「社員は交換のできる使い捨て」

「都合の悪いことは社長には隠しておく」

「客を騙してでも売り上げ至上主義」


等々…　思い当たる方もいらっしゃるのではないでしょうか。

これらも企業文化として引き継がれているのであれば、社内では当然のこととしてまかり通っており、社員は違和感を感じていないということに他なりません。或いは、違和感は感じていても口には出せない、会社に変化を起こす行動はできないということだと思います。まともな感覚であれば、会社の習慣を変えるような重労働よりも自分自身が転職活動をして職場を変えた方が手っ取り早いですからね。至極合理的な考えです。

そして会社に残った人たち、その奇妙な企業文化を受け入れた人たちは、それを変えようとはせずに後輩に引き継いでいきます。企業文化が引き継がれるサイクル通りです。

矯正するきっかけはどこにもありません。

そうしていずれ大きなハラスメントトラブルが起こり、外部に情報が流出したり
ニュースになって、企業価値を大きく毀損することになるのです。


そのようなことがないようにするにはどうすれば良いのか。

それは、**経営判断で教育によって会社中にリテラシーを行き渡らせる**ことです。

そして、それを長年続ける。地道で時間がかかるので躊躇するでしょうが、結局どこかのタイミングでは始めなければなりません。そうでなければブラック企業サイクルから抜け出ることはできないのです。

教育は時間がかかります。しかし、確実な投資です。子供達の教育も、従業員の教育も同様です。『変化は一日にしてならず』、覚悟を決めて思い切ってください。

ハラスメントリテラシーには大きな資産価値

リスクが御社の価値を削る

「金を生まない社員教育なんて無駄な出費」、そう思ってらっしゃいませんか？

それ、違います。

確かに、商品についての研修や、営業スキルの教育が直接的な売り上げを生むことに異論はありません。

しかし世の中には、売り上げを失う大きなリスクというものがあります。

例えば、原材料を偽装した食品、構造計算を偽った建物、過剰な効率追求で安全を度外視した鉄道、利潤に裏付けがない投資、及びそれに対する融資。これらはすべて、**会社自体や社員の考え方に何らかのリテラシーが欠けた結果、**リリースされた商品やサービスです。会社（あるいは部署）全体でリテラシーが欠けているわけですから、社内から異論は出ません。

トラブルが起こって初めて問題と認識されますが、その時にはこれまでに築き上げた信用や実績は地に落ちているはずです。決して短くない期間、売り上げ減と従業員維持のコストに悩まされることになり、【倒産】という悪夢の二文字も他人ごとではなく現実的に視野に入ってくることでしょう。

直接的に金は生まずとも、金を守る教育出費

そして、ハラスメントトラブルも同様です。

消費者は、パワハラで社員を自殺させたり、上司が部下に日常的に暴力を振るっていたり、セクハラが社内で横行していた、といったことが明らかになった会社の商品やサービスの利用は回避したいと考えるのが当然です。誰も片棒を担ぎたくはない。他にいくらでも選べる代替の商品やサービスはあるのですから。

その影響は長期にわたって継続します。親から子へ、友人から友人へ、家族同士で、メディアを通して、SNSで、際限なく広がっていきます。

直接的、大々的にニュースなどで広がらないとしても、SNSで会社内部の話がジワ

リジワリと広がることもあります。ハラスメントトラブルや、モラル欠如な会社の雰囲気などが伝わると、会社の悪印象が広がっていきます。結果として、やはり長期的な売り上げ減にもなることも多いでしょう。

いくら営業スキルのセミナーを社員向けに実施して、売り上げを上げる努力をしても、このようにモラル分野で穴が空いていれば水が漏れるし貯まりません。

更には、ブラック企業としての名声は、ひとたびトラブルが明らかになれば何十年も忘れられることがありません。

「あのAのお店行こうか」

「えー、でもあそこブラック企業じゃない？」

「うーん、じゃあBにしようか」

このような会話がずっと受け継がれていくことを想像してみてください。恐ろしく無いですか？

消費者心理とは悪い評判に敏感で、目つしつこいものです。さらにネットにも残り続けます。デジタルタトゥーの問題ですね。

これらは裏を返せば、そのような**リスクが少ないことは、目には見えませんが大きな**

資産であると捉えることができます。教育という形で少しずつ貯金をしていくことによって、良好な社内環境も保たれます。それに伴いトラブルリスクが低減していきます。

令和は潔癖さを求められる時代です。政治家や芸能人、スポーツ選手と同じく、会社にも潔癖さが求められています。昭和の時代のようにごまかしが利かなくなりました。

令和の会社には、そのような教育投資が求められる時代となってきているのです。

『居心地がいい職場で働きたい』という当然の帰結

今更ながら、会社とは生身の人間が働く組織

ハラスメントトラブルは会社外部への影響が大きいという話はたくさんしてきましたので、会社内部についての話をまとめましょう。

結局のところ、**私達はみんな居心地のいい職場で働きたい**のです。

わざわざ人間関係がギスギスしている職場、安い給料でこき使われる職場、パワハラやセクハラが横行している職場を好き好んで選ぶ人はいません。

ハラスメントフルな職場ではモチベーションが保てず仕事の効率も下がりますし、会社への帰属意識も無いに等しいでしょう。結果、離職率も高止まりとなり、新しい人員ばかりでスキルの蓄積がありません。

そんな職場はさっさと離れて、もっと雰囲気の良い新天地を探しに行きます。

経営者として、その状況を見過ごしていても大丈夫ですか？従業員の誰にも愛されない会社で、これからの令和の時代を生き抜いていけますか？悪い評判が一日も経たずに地球の裏側まで届くような世の中で、これから何十年と会社が存在できるでしょうか？

「従業員の居心地のいい会社」を作ることは決して簡単ではありません。まして、これまで負の蓄積があったのならば尚更です。

しかし、だからこそ変革に手をつけなければならない。今躊躇していれば令和の時代についていけず、潔癖の波に飲み込まれることでしょう。待ったなしです。

顧客満足（CS）**は、従業員満足**（ES）**から**です。努々お忘れなきよう。

パワハラはリーダーシップの道具ではない

ドーピングは実力の水増しに過ぎない

パワハラは、手っ取り早くリーダーシップ的な作用をもたらすことができるのは事実です。上司としての立場の優位性を否が応でも見せつけて屈服させることで、部下が動かざるを得ない環境を作ることができます。

パワハラに関して言えば、程度次第と考えられなくもありません。親と子の関係における【躾け】と【虐待】の差、先生と生徒の関係における【指導】と【体罰】の差などと同様です。傷害のような行き過ぎたものについては否定しますが、これらの差を明確には区分けしにくいところです。

その観点から、パワハラを一つのツールとして使いたがる上司がいることは、同意はせずとも理解はできます。

しかしそのような場合でも、パワハラが有効な手段であるとは思わないほうがよろしいでしょう。

パワハラは所詮ドーピングです。実力や説得力の裏付けがありません。たかがドーピングでしか無いので、カンフル効果は持続しない上に、最終的には退職での人員減少やハラスメントトラブルを招くなど、後の副作用も大きくなります。

本当のリーダーシップとは、「この人のために何かをしてあげたい、この人の力になりたい」と、部下に自発的に思わせるものです。無理やり、強制的に部下の力を絞り出させるようなものではありません。

パワハラの使い方よりも、部下に味方になってもらう努力をする方が、よほど健全で効果的、建設的であるとお伝えしておきましょう。

ハラスメントマシンにならないための心構え

実る稲穂は頭を垂れる

ハラスメントは対象が限定的なものではありません。ハラスメントを行う人間は、多方面に向けてハラスメントを撒き散らします。**【ハラスメントマシン】**です。

では、自分がハラスメントマシンにならないためにはどうすれば良いのか。

それは、『**自分で自分自身を大きく見積もり過ぎないこと**』です。

自分に自信を持つなということではありません。自分の仕事に自信を持つのは大いに結構、キャリア形成においてはとても重要です。問題は排他的であること。

ハラスメントの大きな動機は、自分が相手よりも上回っている、優位であるという思いです。その優位さを相手にも、周りに見せつけたい。認めてほしい、認めさせたい。自分が優位なのだから服従させたい。そのような思いがハラスメントの根本にはあります。

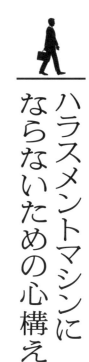

自分の方が優れていると思えば人は増長します。増長すれば横柄になり、最終的にハラスメントにつながっていきます。

しかし、**あなたは本当に会社の中で絶対的な存在でしょうか？**

いくら部下を抱えているとしても、たかが課長、たかが部長、たかが役員、ではないですか？会社の看板や役職が無ければ認めてもらえない、雇われの一人に過ぎません。

これは貶めているのではありません。あなた自身もあなたも周りも、もちろん私も含めて皆がそうなのです。

社長の皆さんにしたってそうです。たかが、ひとつの会社の社長に過ぎません。ほとんどの場合、世の中を動かしているわけでもありません。社長という看板が無くなれば何も残らないという人が少なくないはずです。ハラスメントトラブルで会社が無くなってしまえば、元も子も無いのではないでしょうか？

ハラスメントには、あなたのキャリアを台無しに、焼け野原にしてしまうほどのリスクがあります。それほどのリスクを背負ってまで、自分自身を大きく見せることに価値があるのか？いま一度再考なさった方がよろしいかと思います。その上で、大きく振舞われるということであれば、個人の考え方ですから止めはしません。

ただし、昔から『**実るほど　頭を垂れる　稲穂かな**』の言葉もあります。趣きと含蓄を兼ね備えた、とても素敵な言葉です。

立場のある者ほど謙虚でなければならない。このことだけはお伝えしておきます。

【指導】と【ハラスメント】は別物

ハラスメントの一番ややこしい部分

【パワハラ】と【指導】の境界線はあいまいだ、という話は前述しました。実際、同じ声がけであっても人によっては【指導】と受け取ることもあれば、また別の人は【パワハラ】だと感じることがあるでしょう。

ハラスメントの境界線は、個人個人の中にあります。相手との関係性によっても異なる。この曖昧さが、ハラスメント問題を難しくしています。料理のレシピのような、明らかな定量性がありません。

もちろん一定の目安はあります。それは『**法律**』です。法律違反となるような行為は、明確なハラスメントと捉えて良いでしょう。

しかし、一部の厳しい指導や声がけのように法律違反とは断罪できない行為については、個人の受け取り方によって異なります。

そのような曖昧さについては結局、引き起こされた結果と多数決（被害者だけでなく、周辺にいる人たち全体の不快さ）で決まってくるのでしょう。

例えば、ある従業員が遅刻したとします。上司はその遅刻に対して、口頭にて注意と反省、改善を求めます。しかしこの従業員は、注意と反省、改善を求められて精神的苦痛を受けたからパワハラだ、と訴えます。そんなまさかと思われるかもしれませんが、こういった訴えのケースは決して少なくありません。

さて皆さんは、上司の言動がパワハラだと思うでしょうか？　口頭で注意をして、反省と改善を求めるなどとんでもない、と不快に感じますか？

多くの方にとっては、このケースは適切な指導と受け取られると思います。口頭での注意の内容や言葉遣いに注意を向ける必要はありますが、おおよそ許容範囲と考えるでしょう。

しかし、一部の人たちはその程度でもパワハラと主張することがあります。所謂**『モンスター社員』**ですね。このようなモンスター社員のために、真っ当なハラスメント被害者まで同僚からモンスター社員と同一視されてしまい、肩身の狭い思いをすることになります。大変に由々しき状況です。

はっきりと言っておきます。

全ての指導がハラスメント行為なのではありません。「自分の思い通りにさせてくれない」「注意を受けて恥をかかされた」＝ハラスメントだ、などと決して勘違いしないで頂きたい。本当のハラスメント被害者にとって、大変に迷惑なのですから。

『パワハラ』という言葉は、使い勝手の良い免罪符ではないのです。

ハラスメント・ハラスメントにご用心

ハラスメントは便利なクレームツールでは無い

前述のモンスター社員による、到底ハラスメントとは言えない行為に対する、ハラスメントの主張。

これは最早『**ハラスメント・ハラスメント**』です。ハラスメントという主張を利用した嫌がらせということですね。

この本はハラスメントの乱用を促す本ではありません。この点だけは重々に申し上げたい。

むしろ、ハラスメント・ハラスメントを行う人は軽蔑しています。直接的な一次被害どころか、真っ当なハラスメント被害者までモンスターに扱われるという二次被害、三次被害まで生み出している。本当に対処が必要な多くの人が大変に迷惑します。

この本は、「ハラスメントトラブルがなるべく起こらないようにみんなで協力しましょう、そうすれば誰も害を被りませんよ、逆に協力をしないとみんなが害を被るリスクが増えますよ、だからちゃんと学習しましょうね」という本です。

ハラスメントの主張は、自分の日頃の不満や鬱憤を会社や上司に対してぶつけるものではありません。むしろ冷静に、かつ正確な内容で申し出なければ、信憑性のないものとして相手にされないでしょう。

ハラスメント・ハラスメントに該当するような主張も、社内にハラスメントリテラシーが行き渡っていれば主張しにくくなります。

このような点でも、社内皆がハラスメントリテラシーを伸ばすべきなのです。

リテラシーはくん煙剤のようなもの　教育は土作り　あとは果実が実るのを待とう

リテラシーの広範な散布で末端まで環境づくり

ここまで、ハラスメントが会社にとってどれほどのリスクとなり得るか、について多くの文字数を割いてお話ししてきました。

その上で、ハラスメントトラブルが起こった後にどのように対処するのかは、専門家や公的窓口を訪ねてください。すでに起こってしまったのであれば、それにはそれで適切な対処があります。

この本で申し上げたかったことは、**『いかにハラスメントを起こさないか、そのリスクを減らすか』**ということです。

ハウス農業においては、農作物をカビ病や病害虫などから守るために、くん煙剤（薬剤を煙として放散させて、ハウス内の隅々まで行き渡らせるもの）を使用します。それにより、早い段階でカビの病害などをシャットアウトして、農作物の成長を促進させます。

ハラスメントはカビのようなものであるという話を前述しました。適した環境があればどんどん広まって、会社を汚染していくという意味です。一人のハラスメントが次のハラスメントを生み、枝分かれをして指数関数的に拡大していきます。

ハラスメントリテラシーは、くん煙剤のようなものです。

会社の隅々にまで行き渡らせることによって、ハラスメント野郎を燻し出すのです。**会社全体でハラスメントリテラシーを向上させることによって、ハラスメント野郎の居心地を悪くする。そのような環境づくりが大切なのです。**

そして、会社全体のハラスメントリテラシーを向上させるためには、リテラシー教育しか方法はありません。皆が吸収するには時間は確かにかかるでしょう。

しかしこれは、農業においての土作りだと考えてください。

しっかりした土作りを行って、豊かな土壌さえ整えば、自ずから果実＝ハラスメントの無い風通しの良い環境を収穫することができます。

時間とコストはかかりますが、5年後、10年後、30年後の会社のために、今から教育投資を始めましょう。必ず意味のあるものになって、御社に帰ってきます。

令和の時代にこそ活きる『攻めの防衛』

日本において、ハラスメントにフォーカスしたリテラシー教育は、ようやく産声を上げたところです。まだまだ知られていませんし、まだまだ足りません。パワハラ防止法でのハラスメント相談窓口が全企業に義務化されたことをきっかけとして、ようやく各企業の経営者がハラスメントに注目するようになったばかりですから。しかし、今後必ず会社経営の中でのリスク管理において、少なくないウェイトを占めるようになるでしょう。

いまなら御社が、ハラスメントリテラシー教育の先駆者となれます。旗振り役の一端を担うことができるのです。令和の中頃には、一気にその重要性が認識されることになるでしょう。

また、ハラスメントリテラシー教育を行っていること自体が、会社の評価とされる時代になると思います。

クリーンな会社であることを積極的かつ堂々とマーケットに対してアピールできることで、業績にもつながりますし、ハラスメントトラブルによる損失リスクも回避できる。

まさに**『攻めの防衛』**です。

令和の時代を生きていくこれからの会社は、「良いものを提供する」「安く提供する」だけでは十分ではありません。『会社自体がクリーンである』ことが、消費者にアピールできる付加価値となってきます。その付加価値を御社に与えることができるのは、ハラスメントリテラシー教育です。

今このときが、御社のチャンスです。

第五章
令和は『ハラスメントとサヨナラ』の時代

上にヘコヘコ　下にグチグチ
出世はしても　部下は動かず
攻めの防衛策、
ハラスメント
リテラシー教育。
部下は出世の踏み台じゃ
ないんですよ
労働トラブル相談士が
集中
解説
ハラスメントリテラシーの
欠如が会社を傾ける。
令和はそんな時代です。
Capable
Human
Resource
Educational
Association
クレア人財育英協会

#ハラスメント が会社を潰す。令和はそんな時代です。

上司にゴマスリ　部下に **#パワハラ**

管理職になっても　部下は助けてくれません

踏み台にされた人は　忘れてくれませんよ

部下にも　感情があるんです

いつでも揚げ足狙ってますから

パワハラの因果応報から

定年まで逃げ切れますか？

第六章

「労働トラブル相談士」の挑戦

飛び込んだ業界は真っ黒でした

労働環境は間違いなくブラックな業界

筆者が大学を卒業して飛び込んだ業界は不動産業界でした。そう、「あの」不動産業界です。

ブラック界隈でも有数のブラック業界に飛び込んだ私でしたが、実は最初に入ったのは民間企業では無く不動産に関わる財団法人だったため、正直なところ私自身がブラックな労働環境にいるという印象はありませんでした。

しかし、その職に就いている間に聞こえてくる業界の話題はやはりブラックなものです。より具体的に言うと『**労働環境がブラック**』なのです。

なぜこのような言い方をするのか？　実は不動産業界は、**自身の才覚とやる気次第で他の多くの業種とは比べものにならないほど大きく稼ぐことができる業界**だからです。

そういう意味では、不動産業界の全てを一義的にブラックとは言い難いと思います。体育会系の上司や経営者も多い、怒号や時に手足が飛んでくることもある、休日も安定しない、残業も日常茶飯事、でもやり方次第で「大きく稼げます」。それもまた求職者にとって一つの大きな価値であることは間違い無いと考えています。

生き残った人だけが、生き残っている

しかし、不動産業界で長く生きていくためにはストレス耐性が強くないといけません。全てが数字で語られる世界です。どれだけ仕事をしていても数字を挙げられなければプレッシャーをかけられるし、逆にどれだけ遊んでいるように見えても数字さえ挙げられていれば一目置いてもらえる。そういう意味ではとてもわかりやすい評価であり、ヒエラルキーが存在していると言えるでしょう。

また、業界全体に体育会系の雰囲気が蔓延っているのも間違いありません。恫喝もあります。ノルマ至上主義もマストです。数字が達成されていなければ三六協定も何もあったものではない、寝ずにアポ取れの世界です。金融業界的な文系の陰湿なパワハラではない、もっとわかりやすいパワハラであることが多いと思います。使えない社員は会社から追い出したい、そのための常套手段がパワハラとなっている。おそらく彼らはその

ことに疑いを持っていません。それくらい業界では常識的なことだし、そんなこと承知の上で入社してきているのだろう、というのが彼らの言い分だと思います。

もちろん、この考え方が昨今の世間の常識から見ればおかしいのは言うまでもありません。彼らの中の人でさえ、一部では「やはりこの環境はおかしい」と感じていると思います。

しかし、彼らにはその特殊な環境をどうにもすることができません。たった一人や二人で、何とかしようと思ったところで周りはみなパワハラ気質なわけですから。しかも、その環境で生き抜いてきている人たちです。今更変えて欲しいなんて誰が頼んだ、と凄まれて終了でしょう。それほどに、最早『**場が人を作る**』のサイクルになってしまっているのです。

起業で自分の理想の労働環境を作る

不動産ビジネス自体は悪くない

かくいう私も、財団法人から民間企業の不動産会社に転職してから、ストレスフルな環境に苦しみました。何とか良い環境にしようと尽力をしましたが、どうにもならなかった。**私一人の力なんて、会社の全体意識の前ではなんの役にも立ちません。**いろいろと工夫をし、抗い、できることからやってみましたが、結局大きな変化は何一つ生み出せませんでした。無力感を覚えました。

別に不動産の売買や賃貸といったビジネスに問題があるわけではありません。他の業種、ビジネスと何ら変わりはない。多少なりとも一攫千金的な側面があるため、ヤマっ気のある人材・少労力で稼ぎたい輩が集まりやすいことは間違い無いと思いますが、それだけでいまの業界傾向があるのでは無いと、私は考えています。

では、不動産業界が働きにくいと言われる原因は何なのか？　それは、『**すでにそういう業界だから**』です。

「なんだそれ、当たり前だろう」と思われた方も多いと思います。しかし、それが現実です。

会社文化を飛び越えた『業界文化』

どういうことなのか？　つまり、不動産業界はストレス耐性が高い人材＝その業界で生き抜いてきているため自分もパワハラ人になってしまった人材の吹き溜まりとなっており、異質な者（ストレス耐性が弱い・数字が挙げられない・ノリが体育会系でない）が入ってくると、すぐに排除しようという動きが出てきます。そして、それらの人が辞めていく。会社には、パワハラ人と、それに耐性がある人（＝いずれ自分もパワハラ人になる見込み）だけが残っていき、それが長年繰り返されてきた結果、現在では業界文化となってしまっている…そういう仕組みです。

このようにすっかり根付いた文化を、会社員の立場にもかかわらず独力でどうにかしようなど無理な話です。そのやり方である程度売上を生むことに成功しているわけですから、当人たちには変える理由が見当たらない。一定の成功しているやり方を見直させるには、別のやり方での成功を突きつける必要があります。それは雇われでは難しい。私は考えました。

【自分が従来の不動産業界文化を打ち破ったやり方の会社で成功すればどうか？】

組織の中でやろうとしてもできないことであっても、自分が一から作る会社であればかなり自由度が高く環境を構築できます。それで成功すれば、不動産というビジネス自体がブラックな訳ではないことを証明できる。むしろ、稼ぎは大きいのだから「理想的」な仕事であるとさえ言える。不動産ビジネスの在り方、外からの見え方自体を変えたい。これは、私のチャレンジでした。

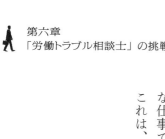

やり甲斐しかない会社

【やり甲斐】だけを抽出するチャレンジ

元々不動産ビジネス自体はやり甲斐のあるビジネスだと、私は感じていました。取引で動かす金額も大きく、億単位は当たり前。そこで出会う人たちも凄まじい遣り手や考えられない程の資産家など、普通の仕事をしていたら出会うこともないような人たちばかりです。また、仕事のやり方も個人の裁量権が大きく、数字さえ上げていれば文句が出ることは滅多にない。

そして何より、やればやるだけ大きな収入につながっていく。頑張った分だけお金になっていくのですから、やり甲斐があるに決まっています。

しかし一方で、そのやり甲斐という魅力さえも打ち消してしまうほどのブラックな労働環境が不動産業界の一部にあることは、不動産ビジネスに長年身を置いている立場として否定をすることはできません。私が見聞きするだけでも多くの人が業界を去りましたし、ニュースということであれば重大な結果となったケースも度々あったことは事実です。そのいずれもが、自分の身に起こっていたとしても何らおかしくはなかった。不動産ビジネスの闇の部分であり、現在の不動産ビジネスは【やり甲斐】と【ブラックな労働環境の闇】が表裏一体なのです。

それなら、**不動産ビジネスから【やり甲斐】だけを抽出できないだろうか？**

現在の不動産ビジネスはやり甲斐とブラックな労働環境が表裏一体だが、別に一蓮托生な要素では無いし、やり方と人選さえ間違わなければ分離できると考えました。

（株）SAという一つの答え

そうして私が2018年に立ち上げたのが、株式会社SAです。従来型の日本企業らしい会社では無く、だいぶ特殊な組織形態を採用しています。

言うなれば『ギルド（Guild）』。**それぞれ腕に自身のある人材が集まって、会社にストックされた案件を己の腕で進めていく。会社と彼らの関係はイーブンです。どちらかにパ**

ワーバランスが大きく偏っているわけでもない。彼らがSAのために働くのでは無く、彼らが自分自身のために働くことが、結果としてSAのためにもなる。そういう会社の仕組みにしているのです。

また、SAには営業ノルマがありません。アポをどれだけ取らなければいけないということもない。やればやるだけ自分の収入になることは明白ですが、やらなくて上司にプレッシャーをかけられたり、パワハラを受けることもありません。極論、月の初日に自身で目標とした売上を上げられたとしたら、残りは全て休みにして超長期旅行に出かけるでも、家で徹底的にゲームをするでも構わないわけです。それが一年の話でも同様です。

実際にはさすがに年初で年間計画分売り上げて残り一年休むというケースはありませんが、月単位であれば全然あるケースです。一年の限られた月数だけ働いて、残りは休む。それも各々の裁量権の範囲なのです。仕事をする場所だって、出社が必須ではありません。出勤時間や退勤時間の決まりも無ければ、コアタイムの設定もありません。必要であれば出社する。必要が無ければ直行直帰でも良し、自宅で仕事をするでも良しです。

そして、このような就業体制でも億単位の年収を得ている者もいます。そこは才覚次第で稼ぎ出す部分です。彼らがこの環境で仕事をして売上を上げてくれれば、会社にも比例的に還元される。Win-Winの関係です。

これが、**【ブラックな労働環境の闇】を分離した【やり甲斐】**の結晶だと私は考えています。実際SAをスタートしてから、リタイアした従業員は殆どいません。それは、私たちSAが従業員への【やり甲斐】の提供に成功している証左だと自負しています。

我が国の労働環境を何とかしたいと思った

『自分たちで働いてもらう』ということ

日本でも有数のブラック業界である不動産ビジネスで起業をして、数十億円に上る売上を上げられる組織に育ててきた過程の中で、人の雇用、人事について多くの研究をしました。

どのような組織が壊れにくいか。会社が不調になったとしても事業を継続できるか。そもそも、売上を立てられる、事業を大きくできる組織形態や雇用制度とはどのようなものか。どうすれば人材を離職させず、または優秀な人材に入ってもらえるのか。優秀な人材が離職しないということは、その場に留まる価値が明らかな会社ということだろうから、その価値を生むにはどうすれば良いのか。

私自身が自分で売上を立てるのは簡単なことです。僭越ながらその自信もある。しかし、私が頑張るだけでは会社は回らないし、事業も拡大しない。かと言って、私が従業員に一つ一つ指示を出して行くのも限界がある。そもそも、私のやり方が彼らに対して効果があるかどうかもわからない。彼らは彼らの強みで勝負するのが、一番効果的なはずなのです。

キーワードは『いかに自分たちで働いてもらうか』。

従業員に自分たちで働いてもらうということは、私が彼らの仕事に介在しないということです。

そのために必要なことが、**『仕事をしてもらう仕組みづくり』**でした。

この【仕組み】は、彼らに仕事をさせるためのものではありません。彼らを監視するためのものでもない。あくまで、『仕事をしてもらう』ためのもの、言い換えると彼らが『仕事をしたくなる』仕組みのことです。

貢献したくなる仕組み作り

大きく括ると、ポイントは2つ。

一つは**『報酬』**です。前述したように、SAと彼ら従業員はほぼ対等です。それは報酬にも当てはまります。SAの名前の元に集まってきた仕事を、彼らがプロフェッショナルとして遂行する。そこに優劣はありません。お互いがそれぞれの使命を果たして仕事が完成されるのですから、需給の関係として必然的にお互いを欠かせないということになります。

もう一つが**『管理』**です。ここまでお伝えしてきた通り、SAでは彼らを監視するため、仕事に縛りつけるための管理は行っていません。自分が一番力を発揮できるスタイルを確立して、最大限の力量をSAに還元してほしいと考えているからです。

もちろん、いくら自由度が高いとはいえ全くルールが無いわけではありません。SAに悪影響が出るような振る舞いは許されませんし、それは契約に明記されています。

しかし、それは元々大した問題ではありません。何故なら、従業員は**【そもそも報酬が良くて自由度の高い仕事なんて手放したく無い】**からです。手放さないためには、SAを貶めるようなことはできない。暗黙の信頼関係がそこにはあると言えます。

このような信頼関係がシステマティックに構築されているからこそ、ガチガチの管理は必要ないのです。

従業員のチカラを引き出すのは会社の役目

これらはSAで成功している事例であり、いずれの業種、職種にでも当てはまるというものでもありません。参考にされるのは結構ですが、よくよく自社の状況は顧みられた上のほうが良いでしょう。

ただし、ブラックな労働環境を放置している会社はこの限りではありません。そのような環境では従業員は安心して仕事はできませんし、自ずから十分な力を発揮して会社に還元してくれる、などというサイクルには到底なり得ない。**せっかく手間と金額をかけて人を雇用しているのに、十分な力を引き出せないのは経営的な観点から見ても勿体ない**ことです。

しかし、実際にはそのような会社が数多あります。従業員をただの消耗品としてしか見ていない会社。使い古されれば交換してしまえば良いと考えている会社。残念なことです。

そして、これらの会社の経営者にこれも言い切りましょう。『**なんて経営センスが無いんだ**』と。

我が国には、人を雇用するのに守らなければならない『労働法』という最低限のルールがあります。残念なことに、この最低限のルールさえ守られていないことが多い。本質的な問題は、この**労働法の中身が管理者層に「知られていない」**という点でしょう。従業員の身分と安全を守る使命も負っている管理者層が労働法の内容を知らないわけですから、従業員が安心して仕事などできるはずもありません。

このような我が国の労働の現状を知れば知るほど、何か私から発信できるアイディアは無いかと日々考えました。SAでの成功事例が全ての会社に当てはまる訳では無い、しかし従業員が安心して働ける環境を与えれば、自ずから働いてくれるというサイクルが回りだすのはどの会社でも同じはずだ――そのような折です。笹部氏から連絡をもらったのは。

広がれ『労働トラブル相談士』

『労働トラブル相談士』というアイディア

笹部氏（現クレア人財育英協会理事）とは、宅建講座の関係で以前から面識がありました。笹部氏は資格講座の事業を長年されていて、それまでにもいくつかのお話をさせて頂いていました。

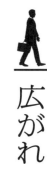

「労働トラブル相談士という資格事業を始めてみませんか」

突拍子もない提案から会話が始まりましたが、私はそのときゾクッとしました。正に、我が国の労働環境への挑戦アイディアを考えている最中に、「労働トラブル」という言葉が入った事業案に出会った─理屈では無く、これは**【縁】**だと思いました。

より詳しく話を聞いてみると、笹部氏も同じ問題意識を持っていました。笹部氏曰く

「我が国では経済の礎とも言うべき労働者を守る労働法の知識が軽視されていて、管理職、経営層がその中身を知らな過ぎる。何故ならそれらを学ぶ機会は、社会保険労務士という高度専門職の受験学習時くらいしかないからだ。多くの労働者、管理職、経営層は小耳に挟む程度にしか聞いたことが無いし、その程度では法を守ろうという意識は希薄のままだ。労働者を守るためにも、会社を守るためにも、経済の活力を守るためにも、もっと手軽に労働やハラスメントなどの知識を学ぶきっかけが必要なんです。そのために資格というツールを使って、能動的に学ぶきっかけを作りたい。私一人ではできない、酒井さんの力も貸して頂けませんか」――断る理由はありませんでした。

そこから、資格の方針やカリキュラム、より広めていくためのアイディアを出し合い、同時並行で共に動くチームも広げていきました。大田氏（現クレア人財育英協会理事）や、兼頭氏（同）にも参加して頂き、少しずつ、しかし確実に事業の形が見えてきました。現在では実に多くの協力者、サポーターの皆様に共感、協力を頂くようになり、このように皆さんに必要だと思ってもらえる、事業として可能性を感じてもらえるこの労働トラブル相談士事業は、とても幸せだなと感じています。

資格だからこそ果たせるメリット

『労働トラブル相談士』は労働法やハラスメントの知識を、社会保険労務士のような極めて高いレベルで学ばなければならないわけではなく、誰もが手軽に学ぶことができる資格です。

ここで、企業経営者の皆様から頻繁に頂くご質問があります。

『**どうしてこの資格なのか？ハラスメント研修では駄目なのか？**』

昨今の世論に合わせて、ハラスメント研修を導入された会社は一定数いらっしゃいます。特に大きな企業では割合が多いようです。大きな企業では、しっかり取り組んでいるというポーズが必要ですからね。

そのハラスメント研修では足りないのか？労働トラブル相談士の学習にアドバンテージがあるのでしょうか？そのような意図のご質問だと思います。

結論から申しますと、

図　実際に学習に取り組んだ知識やスキルの内容（複数回答可）

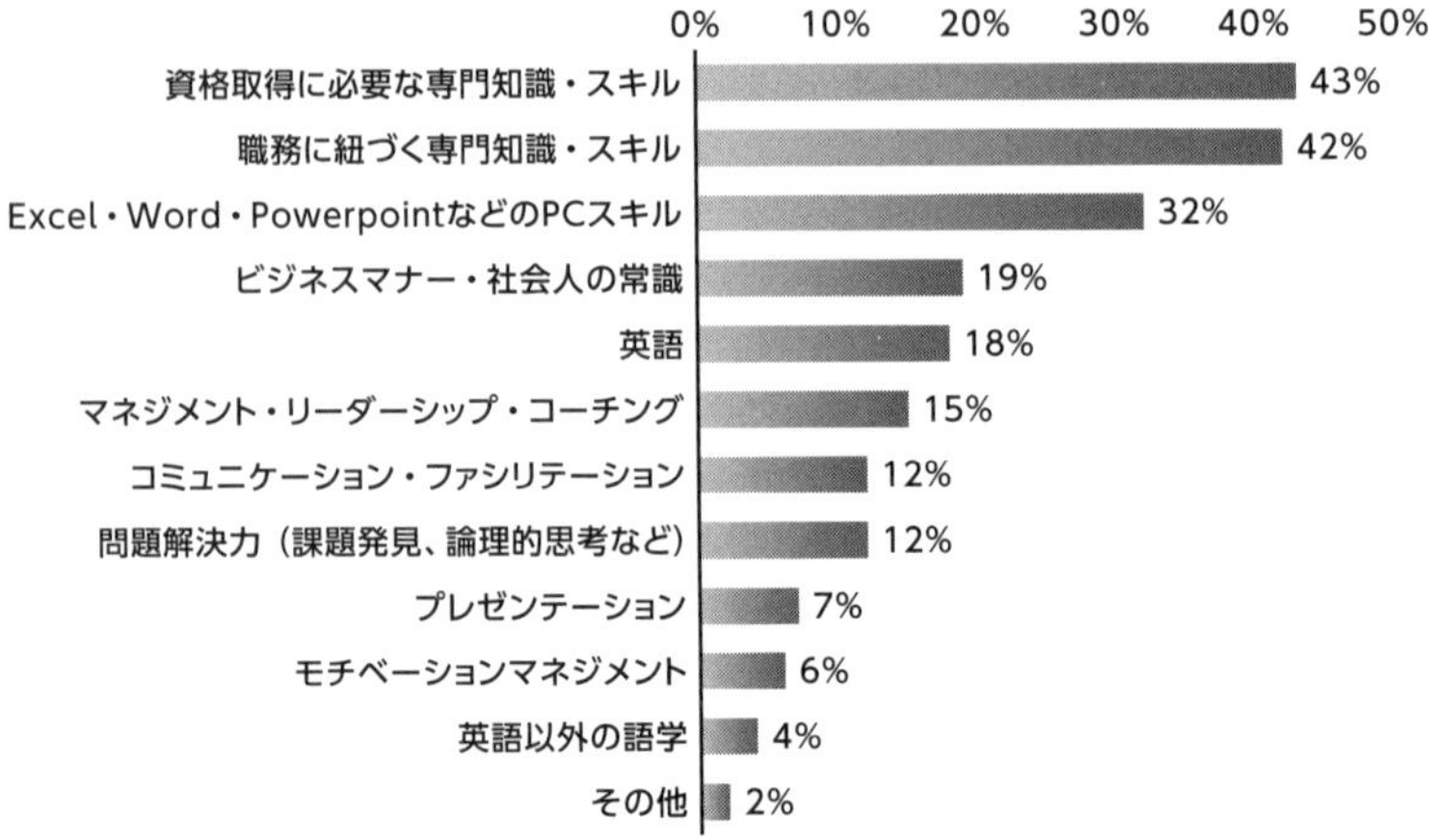

出典：エン・ジャパン株式会社
「1万人が回答！「社会人の学習習慣」実態調査」

『労トラ学習のアドバンテージは明確にあります』。

データグラフをご覧ください。

このデータは、**1万人の社会人に対して行った学習意欲調査**の結果です。実に70％の社会人が自身のスキルアップのために「学習に取り組んだことがある」と回答し、43％が学習内容を「資格のための学習」と回答しています。

一方で「ビジネスマナー・常識」「マネジメント・リーダーシップ」などはいずれも10％台と、資格のための学習に比べると低くなります。

ここから読み取れることは、**『資格』**

というキーワードが社会人の学習意欲を引き出す、ということです。

資格は最終的に試験を突破しなければならず、そのためには自ずから学習しなければなりません。この自ずから学習するという**【能動的アクション】**が、従業員に知識を定着させる決め手であり、**受け身だけの研修との一番の違い**です。

コストと準備の手間をかけて行ったせっかくの研修が、その場だけでやり過ごされて次の日には大して知識として残っていないとすれば、経営コスト感覚としてどうですか？勿体ないと感じませんか？このことは**ずっと昔からの「研修」というシステムの課題**でした。

それを払拭できるのが、『資格』というツールです。**資格は学習を終えた後に試験を受けて、尚且つ合格点を取らなければならない。また、合格した後は有資格者となるので、学習した知識の維持を意識的に行うようになります。その場で大半忘れてしまう研修システムとの大きな違いです。**

この本を読んで頂いたあなたもサポーター

本書でもお伝えしてきたとおり、詰まる所ハラスメントや労働トラブルは、一人ひとりに学んでもらわねば改善されることはありません。**その影響、リスク、そして自身の起こり得る未来、それを知識として知見して初めて抑止力が働くようになる**のです。

そのために、この【労働トラブル相談士の資格】というツールが決定打となることを私は確信しています。

このように労働トラブル相談士の資格事業は大きな優位性があり、また大変に有意義です。そのことに共感頂いた多くの協力者、サポーターの皆様のお力添えで、輪がどんどん大きくなっている実感があります。時々は「もうそんなところまで行ってるんだ」と思うことも増えてきました。そして、**この本を手に取って最後まで読んで頂けたあなたも、サポーターのお一方とさせて頂ければ嬉しく思います。**

きっともうすぐ、私たちだけのものではなく、**『労働トラブル相談士』『労トラ』**という資格、言葉がひとり歩きを始めるようになるのでしょう。そのときが来ることは少し寂しくもあり、しかし大いに楽しみです。

部下も上司も会社の社員。
部下は上司の私物や奴隷じゃないです。
攻めの防衛策、
ハラスメント
リテラシー教育。
そんなに偉いわけでも無し。
上司
労働トラブル相談士が
集中
解説
ハラスメントリテラシーの
欠如が会社を傾ける。
令和はそんな時代です。
Capable
Human
Resource
Educational
Association
クレア人財育英協会

#ハラスメント が会社を潰す。令和はそんな時代です。

勘違いしてますか？

上司って王様じゃ無いですよ

ただ虎の威を借りてるだけなんです

わたしは会社に所属する身

あなたもまた会社に所属する身

自分の尊厳が吹き飛ぶほどに

ただの上司のあなたに

尽くす気なんて無いんですけど

追補「パワハラ」「セクハラ」「マタハラ」の説明

パワハラ、セクハラ、マタハラの類型説明を本文に含めると、本書が読み物として面白くなくなると筆者自身が感じたので、追補解説として用意しました。

パワーハラスメント

職場におけるパワハラは、次の3要素すべてを満たすものをいいます。

パワハラ三要素
①優越的な関係を背景にした言動
②業務上必要かつ相当な範囲を超えたもの

③労働者の就業環境が害されるもの

「優越的な関係を背景にした言動」とは

上司から部下に対する言動が典型的なケースです。また部下から上司、対等な同僚からの言動であっても業務上必要な知識や豊富な経験を有していたり、その者の協力を得なければ業務の円滑な遂行が難しい者の言動は「優越的な関係を背景」と判断されます。集団による行為（職場いじめ）も「優越的な関係を背景」と捉えられます。

「業務上必要かつ相当な範囲を超えたもの」とは

業務上必要のない、または業務と全く関係ない叱責や要求のことを言います。業務に関することであっても、行き過ぎた叱責や要求はこの要素を満たします。なお、客観的に見て業務上必要かつ相当な範囲で行われるような、適正な業務指示や指導は、パワハラに該当しません。

「労働者の就業環境を害するもの」とは

労働者が身体的または精神的に苦痛を与えられ、就業環境が不快なものとなったため、能力の発揮に重大な悪影響が生じている状態をいいます。

パワハラ六類型

また、パワハラの行為類型として下記の6つが挙げられます。

①「身体的な攻撃」とは

暴行、傷害など犯罪に該当する場合も多く、業務上必要かつ相当な行為とはいえません。よって、優越的な関係を背景として行われたものであれば、基本的にパワハラと評価されることになります。

②「精神的な攻撃」とは

人格を否定するような言動や、必要以上に長時間の厳しい叱責を繰り返し行う、他の労働者の前での大声での威圧・叱責等も精神的な攻撃にあたります。

一方で、遅刻等の業務上のルール違反や、重大な問題行動を起こした部下に対し、一定程度強く注意することが、必ずしも「精神的な攻撃」としてパワハラにあたるとは限りません。

③「人間関係の切り離し」とは

隔離や仲間外れ、無視など個人を疎外するパワハラをいいます。特定の労働者を仕事から外し、長時間別室に隔離することや、集団で無視し、職場で孤立させること等がこれにあたります。

ただし、別室の隔離であっても新規採用した従業員に集中的な研修をする目的から、他の労働者と異なる環境に置くことなどは該当しません。

④「過大な要求」とは

業務上明らかに不要なことや遂行不可能な業務を押し付けることです。

新入社員に必要な教育を行わないまま、到底対応できないレベルの実績目標を課し、達成できなかったことを厳しく叱責する、業務と関係ない私的な雑用の処理を強制的に行わせる、等がこれにあたります。

⑤「過小な要求」とは

業務上の合理性なく、能力や経験とかけ離れた程度の低い仕事を命じたり、仕事を与えないことです。

管理職である労働者を退職させるため、誰でも遂行可能な業務を行わせたり、気に入らない労働者に対する嫌がらせのために仕事を与えないことなどが、これにあたります。

⑥「個の侵害」とは

労働者の私的なことに過度に立ち入ることを指します。

具体的には、労働者を職場外で継続的に監視したり、私物の写真撮影をしたり、労働者の機微な個人情報について、本人の了解を得ずに他の労働者に暴露することがこれにあたります。

ただし、プライバシー保護や本人の意向に配慮しながら、必要に応じて家族構成、性的指向・性自認や病歴を把握し、必要な範囲の従業員と情報共有すること自体は不適切ではありません。

出典：厚生労働省ＨＰ「職場でのハラスメント防止に向けて」

パワハラに関する法律

●労働施策総合推進法

（雇用管理上の措置等）

第三十条の二　事業主は、職場において行われる優越的な関係を背景とした言動であって、業務上必要かつ相当な範囲を超えたものによりその雇用する労働者の就業環境が害されることのないよう、当該労働者からの相談に応じ、適切に対応するために必要な体制の整備その他の雇用管理上必要な措置を講じなければならない。（パワハラ防止措置義務）

2　事業主は、労働者が前項の相談を行ったこと又は事業主による当該相談への対応に協力した際に事実を述べたことを理由として、当該労働者に対して解雇その他不利益な取扱いをしてはならない。（不利益取扱いの禁止）

●民法

（使用者等の責任）

第七百十五条　ある事業のために他人を使用する者は、被用者がその事業の執行について第三者に加えた損害を賠償する責任を負う。ただし、使用者が被用者の選任及びその事業の監督について相当の注意をしたとき、又は相当の注意をしても損害が生ずべきで

あったときは、この限りでない。（使用者責任）

●**労働契約法**

（労働者の安全への配慮）

第五条　使用者は、労働契約に伴い、労働者がその生命、身体等の安全を確保しつつ労働することができるよう、必要な配慮をするものとする。（安全配慮義務（職場環境配慮義務））

セクシャルハラスメント

職場におけるセクシャルハラスメントとは、「職場」において行われる、「労働者」の意に反する「性的な言動」に対する労働者の対応により、その労働者が「労働条件について不利益」を受けたり、「性的な言動」により就業環境が害されることです。

職場……通常就業している場所以外でも、接待の席や顧客の自宅、出張先、出張移動中の車中なども含まれます。

不利益……労働者が解雇、降格、言及、労働契約の更新拒否、昇進・昇格対象からの除

種類	対価型セクハラ	環境型セクハラ
定義	職場において行われる性的言動に対する労働者の対応により、当該労働者がその労働条件につき不利益を受けること	職場において行われる性的な言動により、労働者の就業環境が害されること。
内容	労働者の意に反する性的言動に対する労働者の対応（拒否や抵抗）により、その労働者が解雇、降格、言及、労働契約の更新拒否、昇進・昇格対象からの除外、客観的にみて不利益な配置転換などの労働条件の不利益を受けること	労働者の意に反する性的な言動により労働者の就業環境が不快なものになったため、能力の発揮に重大な悪影響が生じるなどその労働者が就業する上で看過できない程度の支障が生じること。
具体例	●事務所内において事業主が労働者に対して性的関係を要求したが、拒否されたため、当該労働者を解雇すること。 ●出張中の車中において上司が労働者の腰、胸等に触ったが、抵抗されたため、当該労働者について不利益な配置転換をすること。 ●営業所内において事業主が日頃から労働者にかかる性的な事柄について公然と発言していたが、抗議されたため、当該労働者を降格すること。	●事務所内において上司が労働者の腰、胸などに度々触ったため、その労働者が苦痛に感じ就業意欲が低下していること。 ●同僚が取引先において労働者にかかる性的内容の情報を意図的かつ継続的に流布したため、その労働者が苦痛に感じて仕事が手につかないこと。 ●労働者が抗議しているのもかかわらず、事務所内にヌードポスターを掲示しているため、その労働者が苦痛に感じて業務に専念できないこと。

外、客観的にみて不利益な配置転換等をいいます。

性的な言動……性的な内容の発言（性的な事実関係を尋ねる、執拗なデート等への誘いなど）や性的な行動（性的な関係の強要、不必要な身体への接触、わいせつな図画の掲示など）があり、同性に対する言動も含まれます。

職場におけるセクハラには、右表のように「対価型」と「環境型」があります。

セクハラに関する法律

●男女雇用機会均等法

（職場における性的な言動に起因する問題に関する雇用管理上の措置等）

1　第十一条　事業主は、職場において行われる性的な言動に対するその雇用する労働者の対応により当該労働者がその労働条件につき不利益を受け、又は当該性的な言動により当該労働者の就業環境が害されることのないよう、当該労働者からの相談に応じ、適切に対応するために必要な体制の整備その他の雇用管理上必要な措置を講じなければならない。

2　事業主は、労働者が前項の相談を行つたこと又は事業主による当該相談への対応に協力した際に事実を述べたことを理由として、当該労働者に対して解雇その他不利益な取扱いをしてはならない。

3　事業主は、他の事業主から当該事業主の講ずる第一項の措置の実施に関し必要な協力を求められた場合には、これに応ずるように努めなければならない。

●民法715条、労働契約法5条（パワーハラスメント項参照）

マタニティハラスメント

職場における妊娠・出産・育児休業等に関するハラスメント（マタニティハラスメント）とは、「職場」において行われる上司・同僚からの言動（妊娠・出産したこと、育児休業等の利用に関する言動）により、妊娠・出産した「女性労働者」や育児休業等を申出・取得した「男女労働者」の就業環境が害されることです。

妊娠等の状態や育児休業制度等の利用等と嫌がらせ等となる行為の間に因果関係があるものがハラスメントに該当します。なお、業務分担や安全配慮等の観点から、客観的にみて、業務上の必要性に基づく言動によるものはハラスメントには該当しません。

マタハラは、以下の2種類に分類されます。

1. 制度等の利用への嫌がらせ型
2. 状態に対する嫌がらせ型

1. 制度等の利用への嫌がらせ型

妊娠・出産・育児に関する制度等の利用をしようとする労働者に対して、解雇等の不利益な取扱いの示唆、制度利用の妨害、嫌がらせなどを行うことで就業環境を害することを言います。

「制度等」には左記が該当します。

男女雇用機会均等法が対象とする制度・措置

①産前休業

②妊娠中及び出産後の健康管理に関する措置（母性健康管理措置）
③軽易な業務への転換
④変形労働時間制での法定労働時間を超える労働時間の制限、時間外労働及び休日労働の制限並びに深夜業の制限
⑤育児時間
⑥坑内業務の就業制限及び危険有害業務の就業制限

育児・介護休業法が対象とする制度・措置

①育児休業
②介護休業
③子の看護休暇
④介護休暇
⑤所定外労働の制限
⑥時間外労働の制限
⑦深夜業の制限
⑧育児のための所定労働時間の短縮措置

⑨始業時刻変更等の措置
⑩介護のための所定労働時間の短縮等の措置
※⑧～⑩は就業規則にて措置が講じられていることが必要です。

制度等の利用に対する嫌がらせ型の具体例

●育児休業の取得を相談した女性社員に、「休みをとるなら辞めてもらう」と言う
●産前の検診のため休業を申請した女性社員に、勤務時間外に病院に行くように言う
●育児のため短時間勤務している社員に、「業務が楽でいい」と言う
などが挙げられます。

2．状態に対する嫌がらせ型

労働者が妊娠した、出産した、という状態に対して、解雇等の不利益な取扱いを示唆する・嫌がらせとなる言動をとる等により、労働者の就業環境を害することを言います。

「状態に対する嫌がらせ型」の対象となる事由

①妊娠したこと
②出産したこと
③産後の就業制限の規定により就業できず、又は産後休業をしたこと
④妊娠又は出産に起因する症状により、労務の提供ができないこと若しくはできなかったこと又は労働能率が低下したこと
⑤坑内業務の就業制限若しくは危険有害業務の就業制限の規定により業務に就くことができないこと又はこれらの業務に従事しなかったこと

マタハラに関する法律

●男女雇用機会均等法

（婚姻、妊娠、出産等を理由とする不利益取扱いの禁止等）
第九条　3　事業主は、その雇用する女性労働者が妊娠したこと、出産したこと、※労働基準法（昭和二十二年法律第四十九号）第六十五条第一項の規定による休業を請求し、又は同項若しくは同条第二項の規定による休業をしたことその他の妊娠又は出産に関する事

由であって厚生労働省令で定めるものを理由として、当該女性労働者に対して解雇その他不利益な取扱いをしてはならない。

※労働基準法第六十五条　使用者は、六週間（多胎妊娠の場合にあっては、十四週間）以内に出産する予定の女性が休業を請求した場合においては、その者を就業させてはならない。

（産前休業の請求）

（職場における妊娠、出産等に関する言動に起因する問題に関する雇用管理上の措置等）

第十一条の三　事業主は、職場において行われるその雇用する女性労働者に対する当該女性労働者が妊娠したこと、出産したこと、労働基準法第六十五条第一項の規定による休業を請求し、又は同項若しくは同条第二項の規定による休業をしたことその他の妊娠又は出産に関する事由であって厚生労働省令で定めるものに関する言動により当該女性労働者の就業環境が害されることのないよう、当該女性労働者からの相談に応じ、適切に対応するために必要な体制の整備その他の雇用管理上必要な措置を講じなければならない。

●育児・介護休業法

（不利益取扱いの禁止）

第十条　事業主は、労働者が育児休業申出をし、若しくは育児休業をしたこと（略）を理由として、当該労働者に対して解雇その他不利益な取扱いをしてはならない。

（職場における育児休業等に関する言動に起因する問題に関する雇用管理上の措置等）

第二十五条　事業主は、職場において行われるその雇用する労働者に対する育児休業、介護休業その他の子の養育又は家族の介護に関する厚生労働省令で定める制度又は措置の利用に関する言動により当該労働者の就業環境が害されることのないよう、当該労働者からの相談に応じ、適切に対応するために必要な体制の整備その他の雇用管理上必要な措置を講じなければならない。

2　事業主は、労働者が前項の相談を行ったこと又は事業主による当該相談への対応に協力した際に事実を述べたことを理由として、当該労働者に対して解雇その他不利益な取扱いをしてはならない。

●民法715条、労働契約法5条（パワーハラスメント項参照）

著者紹介

チームクレア（一般社団法人クレア人財育英協会）

酒井康博（さかい・やすひろ）

1976年東京都生まれ。中央大学法学部卒。一般社団法人クレア人財育英協会代表理事／株式会社クレア代表取締役／株式会社ＳＡ代表取締役／不動産鑑定士／宅地建物取引士　他

株式会社SAを起業し、権利関係が複雑な不動産分野に特化して、国土のわずか5％しかない宅地の最有効利用を理念に掲げ、流動性の低い不動産を再生し、蘇らせる流動化事業を展開。その後「働き方を変えたい」という自身の起業当初からの強い思いから、一般社団法人クレア人財育英協会を設立して、労働トラブル相談士の資格を創設。ハラスメントや労働トラブルの予防のために、労働トラブル相談士の資格を利用して、企業内ハラスメントリテラシー教育を行い、円滑な人間関係と職場環境のマネジメントを実現し、企業の業績アップの推進に取り組んでいる。

笹部朋博（ささべ・ともひろ）

1975年京都府生まれ。成蹊大学法学部卒。一般社団法人クレア人財育英協会理事／株式会社クレア取締役／株式会社エル・エー代表取締役／不動産投資家／オンラインスクールコーディネーター

大田勇希（おおた・ゆうき）

1983年愛媛県生まれ。早稲田大学教育学部卒。一般社団法人クレア人財育英協会理事／株式会社クレア取締役／宅地建物取引士　他

兼頭竜矢（かねとう・りょうや）

1994年大阪府生まれ。大阪大学外国語学部卒。一般社団法人クレア人財育英協会理事／株式会社ソロモンリサーチ&コンサルティング代表取締役

「ハラスメント」が会社を潰す。

2023年6月15日　初版第1刷発行

著者　チームクレア（一般社団法人クレア人財育英協会）
発行者　村田博文
発行所　株式会社財界研究所
［住所］〒107-0052 東京都港区赤坂3-2-12赤坂ノアビル7階
［電話］03-5561-6616
［ファックス］03-5561-6619
［URL］https://www.zaikai.jp/
印刷・製本　日経印刷株式会社
装幀　相馬敬徳（Rafters）

ISBN978-4-87932-156-5
定価はカバーに印刷してあります。